子どもの“夢中”から見つける

0・1・2歳児の製作あそび

本書の使い方

行為別解説

\ まずは /
行為別の発達や
環境と援助などを解説します。

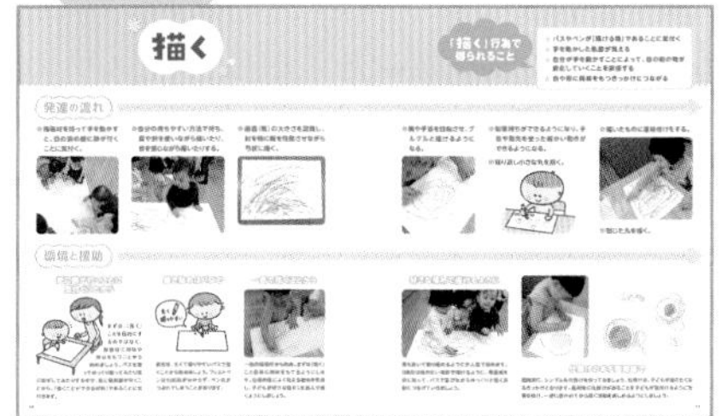

POI

製作を　　　　　　経験できる
ことや援助のポイントを解説。

LEVEL

難易度を示しています。

作品ページ

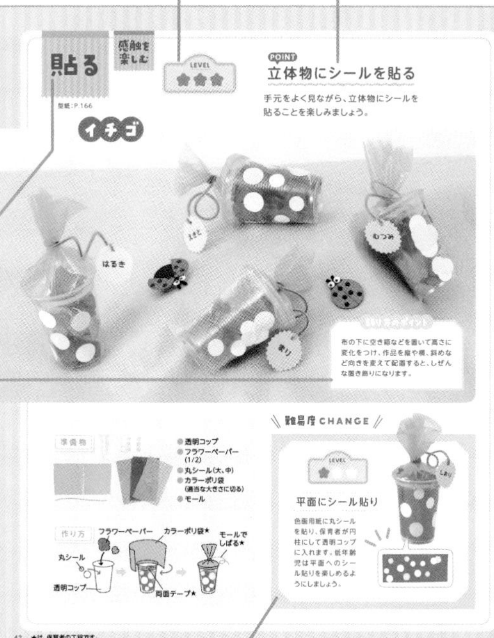

メインとなる行為

製作物のメインとなる遊びの行為を示しています。子どもの姿から、作品選びの手がかりにしてください。

飾り方のポイント

子どもたちが季節感や作品を楽しむための、工夫例を紹介しています。

難易度CHANGE

製作物の難易度を変えた作り方や楽しみ方を紹介しています。

作り方の表記

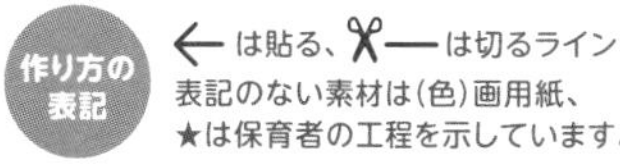

←は貼る、✂—は切るライン、
表記のない素材は(色)画用紙、
★は保育者の工程を示しています。

0・1・2歳児の製作で

子どもが“今できること”を見つけて

作品を作ることを目標にするのではなく、子どもの様子を思い浮かべ、無理なく楽しくできることを考えてみましょう。低年齢児の子どもが楽しめる活動・行為はたくさんあります。発達に合った活動を見つけ、遊びを通して作る過程を楽しむことを目標にしましょう。

いろいろな素材との出会いを大切に、ゆったりと関わり、子どもができるようになったことを生かして、作る活動につなげていきましょう。

小さな「できた!」を大切に

子どもは作っていく中で、気付いたり分かったり、できるようになったりしていきます。

子どもがゆっくりモノを確かめ、自分で考えたり決めたりする時間を大切にしましょう。活動の中で「できた!」と達成感を得られることは子どもの大きな自信につながっていきます。小さな「できた!」がたくさん見つかるように関わりましょう。

大切にしたいこと

“子どもが主体”を忘れずに

作品には大人の手を加えることもありますが、あくまで主体は子どもです。大人が考えるきれいな形を目指し過ぎず、その子らしい表現の形が残ることを心掛けましょう。整える場合は、子どもが握ったり、触ったりした跡をいとおしいと感じながら少し手を加える程度にしましょう。

その年齢のときにしか感じられないことや子どもの気付きなど、保護者にも子どもの成長を伝えていきましょう。

いろいろな素材と出会えるように

作ることを通して、いろいろな素材と出会えるようにしましょう。いろいろな素材の材料に触れることで、自分で確かめ、目・手・耳などから感じ取ったことが、子どもの豊かな感性へとつながっていきます。

子どもにとっては初めて目にする材料もたくさんあります。興味や関心をもてるように関わり、モノとの出会いを大切にしましょう。

難易度別さくいん

★ …0歳～ ★★ …1歳～ ★★★ …2歳～ を目安にしています。

使う素材や作り方は、子どもの発達に合わせて工夫しましょう。

※♥の作品は、難易度CHANGEの作品です。該当ページで、メインの作品から難易度を変えた作り方を紹介しています。

★★

★★★

行為別解説

描く　貼る　感触を楽しむ
絵の具に親しむ　通す　ちぎる

0・1・2歳児の製作は、「行為」を楽しむことが基本です。
行為ごとの発達の流れや環境と援助、子どもの活動の見方を解説します。

描く

発達の流れ

●描画材を持って手を動かすと、目の前の紙に跡が付くことに気付く。

●自分の持ちやすい方法で持ち、肩や肘を使いながら描いたり、音を感じながら描いたりする。

●画面（紙）の大きさを認識し、肘を軸に腕を往復させながら弓状に描く。

環境と援助

紙に跡が付くことに気付くことから

まずは、「描く」ことを目的にするのではなく、描画材に興味や関心をもつことから始めましょう。パスを握ってゆっくり触ってみたり紙に転がしてみたりする中で、紙に偶然跡が付くことから、「描くことができる材料」であることに気付きます。

描き始めはパスで

最初は、太くて握りやすいパスで描くことから始めましょう。フェルトペンは力加減が分からず、ペン先がつぶれてしまうことがあります。

一色で描くことから

一色の描画材から始め、まずは「描く」こと自体に興味をもてるようにします。白画用紙によく見える数色を準備し、子どもが好きな色を1本選んで描くようにしましょう。

「描く」行為で得られること

- パスやペンが「描ける物」であることに気付く
- 手を動かした軌跡が見える
- 自分が手を動かすことによって、目の前の物が変化していくことを実感する
- 色や形に興味をもつきっかけにつながる

●腕や手首を回転させ、グルグルと描けるようになる。

●鉛筆持ちができるようになり、手首や指先を使った細かい動きができるようになる。

●繰り返し小さな丸を描く。

●描いたものに意味付けをする。

●閉じた丸を描く。

好きな場所で描けるように

落ち着いて取り組めるように少人数で始めます。0歳児は描きたい場所で描けるように、模造紙を机に貼って、パスで遊びながらゆっくりと描く活動につなげていきましょう。

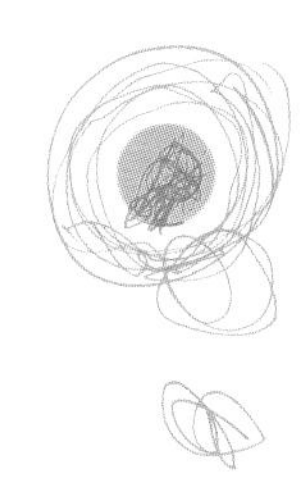

仕掛けのある画用紙で

画用紙に、シンプルな仕掛けを作ってみましょう。仕掛けは、子どもが描きたくなるきっかけとなります。画用紙に仕掛けがあることを子どもが気付けるように言葉を掛け、一緒に確かめてから描く活動を楽しめるようにしましょう。

環境と援助のポイント

描画材の持ち方

0・1歳児は、どのような持ち方でもいいです。その子どもがしっかりと描画材を持てる持ち方で、描く行為を楽しみましょう。2歳児頃から、手をバキューンの形にし、鉛筆持ち（3指持ち）ができるように伝えていきます。

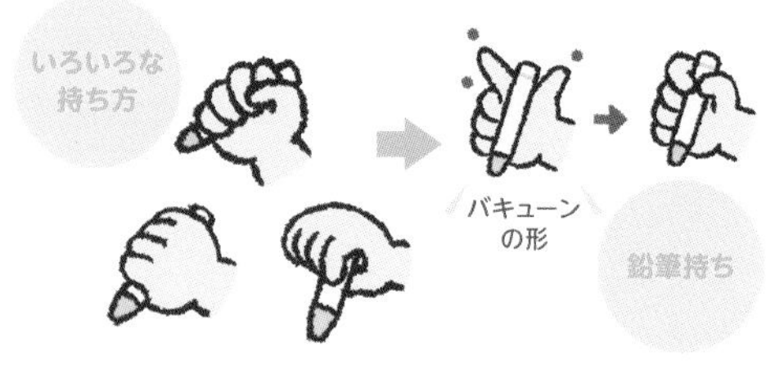

落ち着いて活動できるように

子どもが手を思う存分に動かして描けることが大切です。ゆったりと活動できるスペースをつくり、イスに座ったり床に座ったりなど、発達に応じた環境をつくっていきましょう。

子どもの思いに寄り添って

描いたものの意味や形を求めず、子どものつぶやきや活動の様子を見守ることが大切です。必要に応じて、子どもの活動に音を添えたり、表情やしぐさで思いを共有したりするなど、描くことの楽しさを伝えていきましょう。

描画材を丁寧に渡す

描画材や画用紙を渡すときは、丁寧に渡すようにしましょう。保育者が渡し方を意識することで、子どもの丁寧な活動や扱い方につながります。

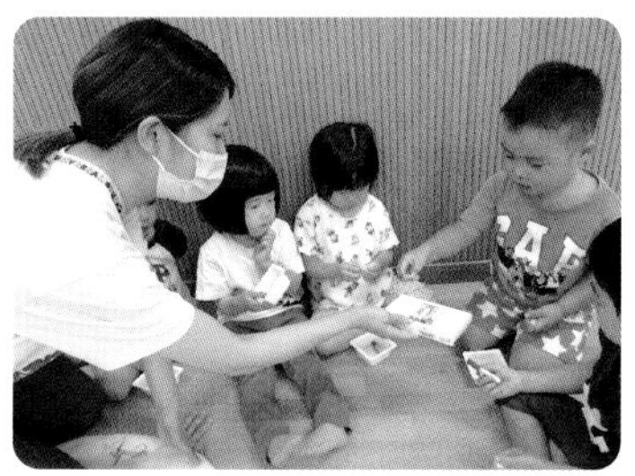

活動例

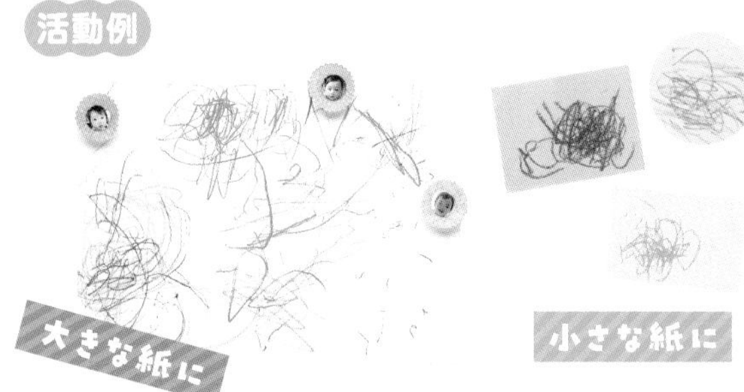
大きな紙に

小さな紙に

はじき絵

にじみ絵

子どもの個性を読み取ろう

描くことを楽しんでいる姿やできあがった作品から、子どもの個性を読み取ってみましょう。子どもが何を楽しんでいるのかが見え、次の活動へのヒントになります。

子どもの姿から

低年齢児が描くことに集中できる時間は1枚5分程度です。活動時間の長さではなく、どれだけ自分なりに楽しめたか、ということを大切にしましょう。

腕をしっかりと伸ばし、紙いっぱいに線を描くことを楽しんでいます。

パスを触ってじっと見ながら、確かめています。

自分の好きな場所を見つけて描いています。長い線を描く子どもや描いたときの音を楽しむ子どもなど、様々です。

作品から

手の動かし方で、その子なりのモチーフが表れてきます。それぞれの子どもの発達の様子を見極め、子どもの気付きやできたことを見逃さないようにしましょう。

パスを持った手を動かし、手元の紙に、偶然跡が付いています。

肩や肘を使って、線や点を意識して描いています。

手首や指先を使って小さな丸を描けるようになったことがうれしく、繰り返し描いています。

線と面（塗り）を組み合わせて描いています。何かに見立てているようです。

貼る

両面テープ・のり

発達の流れ

- 粘着部分がペタペタとして、手や素材がくっ付くことに気付く。

- 両面テープが貼られた所に素材をくっ付ける。

- 両面テープの剥離紙を剥がして、貼る。

- 何をどこに貼るかを、考えながら貼る。

- のりの感触を確かめ、接着できる道具であることに気付く。
- のりをチョンと付けてペタッと貼ることを楽しむ。

環境と援助

くっ付けたり剥がしたりを楽しむ

初めは、手貼り用のラミネートシートと透明色紙など、破れにくい材料の組み合わせを選び、くっ付けたり剥がしたりする感触を楽しみましょう。

両面テープの特性が分かるように

画用紙に両面テープを貼っておき、その部分に貼るようにします。両面テープの部分がくっ付くことに気付けるように関わりましょう。

絵の具を混ぜたのりで

のりを使い始めるときは、絵の具で色を付けましょう。のりの部分が分かりやすくなります。

「貼る」行為で得られること

- テープやシールに粘着性があり、貼ることのできる材料であることに気付く
- シールは簡単に貼れるので、繰り返し楽しみ、達成感や満足感を感じることができる
- 「のり」という道具に出会い、物を貼るという行為に興味をもてるようになる
- 手元を見て、考えながら手指を使うことができる

シール（テープ）

発達の流れ

- シールが指先に付き、くっ付くことに気付く。

- 指先に付いたシールを、片手でこすり付けるように貼る。

- 自分で剥離紙を剥がしてシールを貼る。
- 手元のシールを見ながら、指先でつまんで貼りたい場所に貼る。

- 一箇所に集めたり並べたり組み合わせたりするなど、自分なりの貼り方を楽しむ。
- 立体物に貼れるようになる。

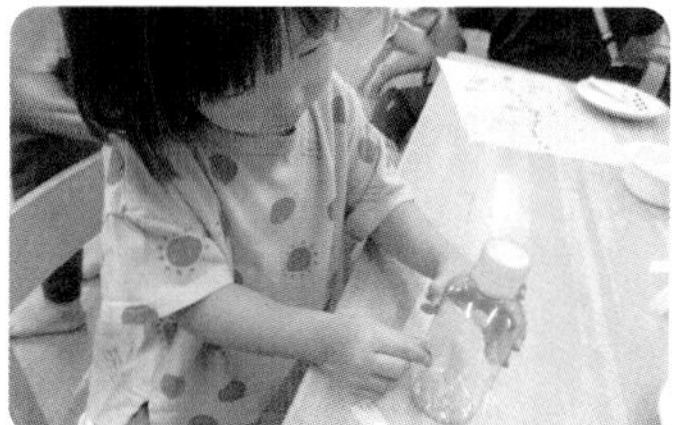

環境と援助

シールを剥がしやすく

0歳児は、保育者がシールを剥がして手渡すことからゆっくりと始めます。自分で剥がせない子どもには、剥離紙を折って剥がしやすくしましょう。

色の組み合わせ

シールの色数が多過ぎると、子どもの貼り方の工夫が分かりにくくなります。色数を絞ったり、色画用紙との組み合わせを考えたりして準備しましょう。

仕掛けのある画用紙で

画用紙に、シンプルな仕掛けを作ってみましょう。仕掛けをきっかけに、その子どもなりの貼り方の工夫が見えてきます。

環境と援助のポイント

机の上の環境を整える

両面テープを貼った材料やシールは、取りやすいように浅めの容器に入れておきます。剥離紙を入れる容器も準備し、机の上が散らからずに落ち着いて活動できるようにしましょう。

子どもが考える時間を大切に

子どもが貼る色や場所を自分で考える時間を大切にしましょう。また、活動の中で子どものつぶやきに耳を傾け、気付きを見逃さないようにしましょう。

のりは少量ずつ指に取る

のりは、少量を指に取って紙に付けます。「ダンゴムシくらいの量をチョンっと指に付けてね」や「クルクルと伸ばしてね」など、子どもに分かりやすい言葉やリズムで伝えましょう。

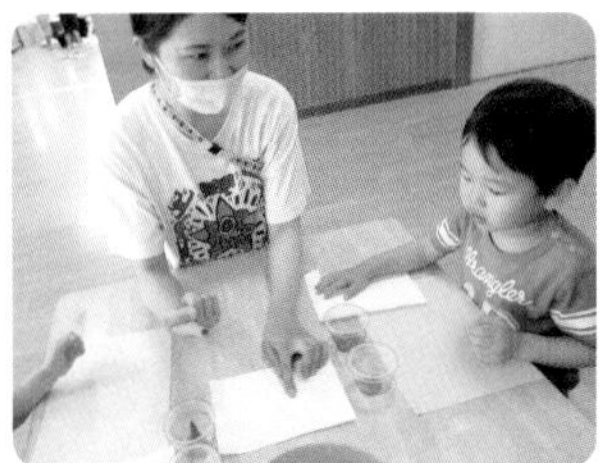

お手拭きもセットにして置いておくと、のりが指に付くのが苦手な子どももすぐに拭けて安心です。

シール、テープの準備の仕方

ビニールテープやマスキングテープは、紙パックに養生テープやクラフトテープを貼って台紙を作ります。ビニールテープを引っ張りながら長めに貼ってカッターナイフで切ります。

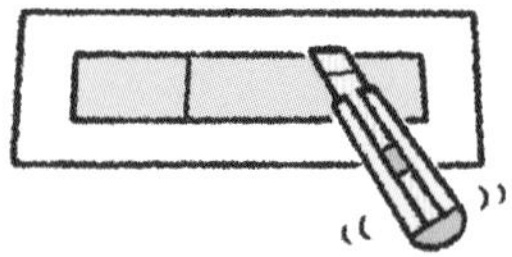

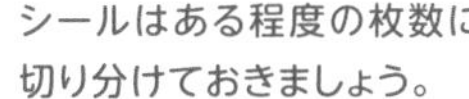

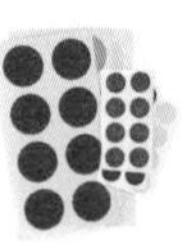

シールはある程度の枚数に切り分けておきましょう。

活動例

色画用紙に

仕掛けのある紙に

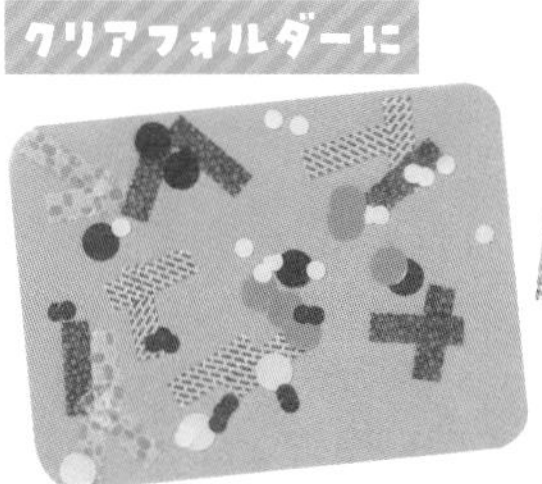

クリアフォルダーに

手貼り用のラミネートシートに

子どもの

個性を読み取ろう

貼ることを楽しんでいる姿やできあがった作品から、子どもの個性を読み取ってみましょう。子どもが何を楽しんでいるのかが見え、次の活動へのヒントになります。

子どもの姿から

シールやテープを貼る行為は、簡単にできて個性がよく表れます。子どもなりの楽しみ方を読み取り、認めていきましょう。

インデックスシールだけを選び、仕掛けに沿って貼っています。

シール並んでるね

子どもがインデックスシールや丸シールを並べることを楽しんでいることを読み取り、言葉にして声を掛けます。

作品から

同じ仕掛けでも、子どもによって貼り方は違います。

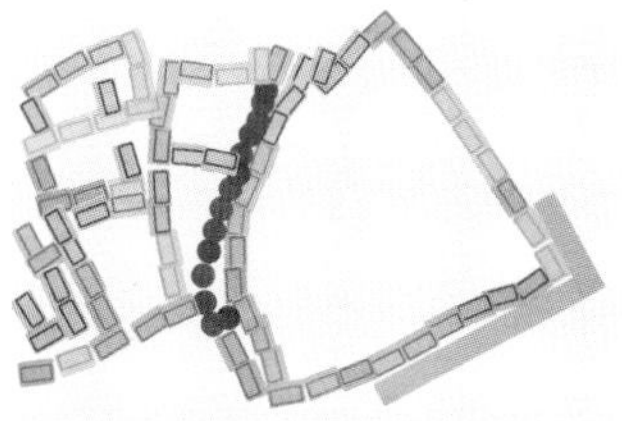

仕掛けに沿ってシールを貼るうちに、つなげることを楽しんでいます。

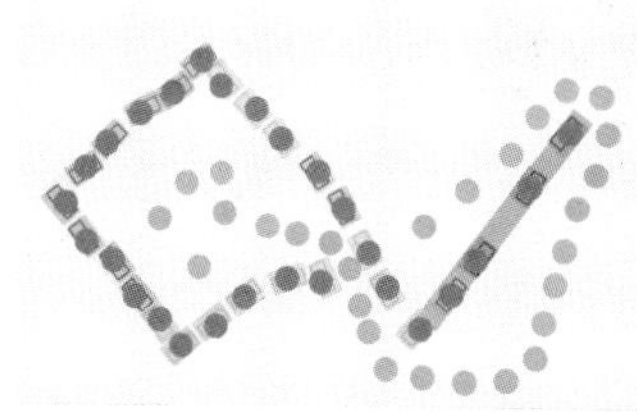

仕掛けをきっかけに、自分なりの貼り方を楽しんでいます。

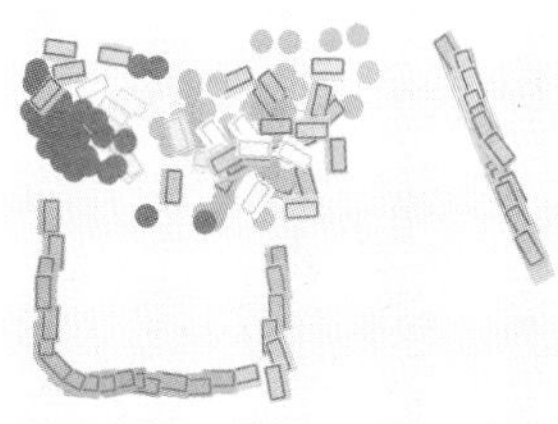

たくさん集めたり並べたりしています。

感触を楽しむ

発達の流れ

- 柔らかく心地良い感触の素材を触って楽しむ。
- 指でつついたりつまんだりして、少しずつ感触を楽しむ。

- 手のひら全体で握る。

- 材料を握ったり手を開いて落としたり、両手で挟んだりする。
- 指先を使って、材料を一つずつそっとつまむ。

- 握ると形が変わることに気付く。

環境と援助

布でゆったりと

柔らかく透ける素材の布で感触を楽しみます。透ける布を介して、ゆったりと関わりましょう。

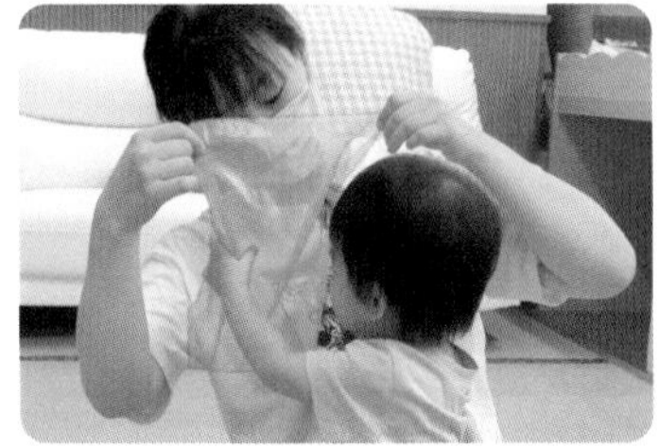

ロープに提げたりペットボトルの口から布を少し出したりするなど、思わず触ってみたくなるような工夫をしましょう。

素材で遊ぶことから

小麦粉粘土などの遊びは、粉で遊ぶことから始めます。机にビニールシートを敷き、目の前で粉をまき、触って遊びましょう。その後粘土を出すと、手に付いた粉で、粘土のベタベタとした感触が少なくなります。

ゆっくりと感触を楽しむ

フラワーペーパーなどの柔らかい材料を用意し、一枚ずつ指でそっとつまむことから始めます。子どもの活動に合わせて材料の特性を感じられる言葉を添えましょう。

「感触を楽しむ」行為で得られること

- ☆物のいろいろな感触を諸感覚（目・耳・手など）を通して感じることができる
- ☆心地良い感触を味わうことで、情緒の安定につながる
- ☆手から伝わる感触から物を確かめていく
- ☆感触を楽しむことを糸口にして、その子なりの遊びに発展していく

●自分で考えて手指を使えるようになる。

●握ると小さくまとまることに気付き、丸めることが楽しくなる。

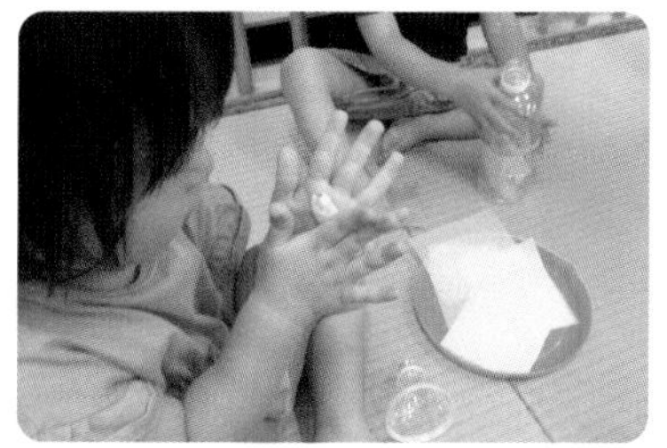

●手のひらを使って団子のように丸める。

●指先を使って丸める。

●材料を集めたり、他の材料と組み合わせたりする。

丁寧に扱えるように

いろいろな色や大きさの素材を用意します。初めは丁寧に扱えるように、少量ずつ子どもに出しましょう。

遊び始めるきっかけづくり

紙粘土の中に絵の具で色を付けた紙粘土を入れておくと、触る中で色が変化していくことが、活動への興味につながります。色の変化に気付いて積極的に取り組めるようにしましょう。

他の材料を組み合わせる

遊びの様子を見ながら、子どもたちが十分に材料の感触を味わってから、他の素材を出すようにしましょう。他の材料と組み合わせることで、集めたり見立てたりするなど、遊びが広がります。

環境と援助のポイント

一人ひとりの遊びを認めていく

握り方や丸め方など、材料との関わり方は子どもによって異なります。子どもがどんなことに夢中になっているかをよく見て、その子に合ったことばがけをしましょう。

子どもの思いに耳を傾ける

保育者が感触を伝えるのではなく、子どもからの発語に耳を傾けましょう。子どもの思いや気付きを受け止め、言葉や表情、しぐさで伝えていくことが大切です。

0・1・2歳児が扱いやすい粘土

手にまとわりつかない程度の硬さの粘土を準備しましょう。保育者が実際に触ってみて、子どもが扱いやすい粘土を見つけてみましょう。

保育者が作る粘土　小麦粉粘土、パン粉粘土、米粉粘土、片栗粉粘土、トイレットペーパー粘土　など

市販の粘土　フワフワタイプの紙粘土　など

粘土の感触が苦手な子どもには

粘土の感触が苦手な子どもには、無理強いせず、少しずつ触れるようにしましょう。たとえば、粘土を透明ポリ袋に入れておき、袋の上から触れるようにするなど、その子どものペースに合わせた活動をしましょう。

活動例

フラワーペーパー

粘土

新聞紙

スズランテープ

子どもの
個性を読み取ろう

感触を楽しんでいる姿やできあがった作品から、子どもの個性を読み取ってみましょう。子どもが何を楽しんでいるのかが見え、次の活動へのヒントになります。

子どもの姿から

粘土での遊びは、自分の手で力を加えることで形が変わっていくおもしろさを感じることが、その子らしい作品につながります。

手で繰り返し粘土をこねて、柔らかさを感じています。

小さく丸めることができ、その行為を繰り返しています。

作品から

作品から、それぞれがどんな遊びを見つけて楽しんだのか、読み取りましょう。

ストローを差すことが楽しくなり、たくさん差しています。

差したストローを抜くと跡形が付くことに気付いています。

小さく丸めることを繰り返しています。

絵の具に親しむ

発達の流れ

●指に付いた絵の具を画用紙に押すと、指の形が付くことに気付く。

●手で直接触り、感触を楽しむ。

●手のひらや足の裏など体を使ってスタンピングをする。

●スタンプの型が紙に写ることに気付き、繰り返し楽しむ。

●デカルコマニーを楽しむ。

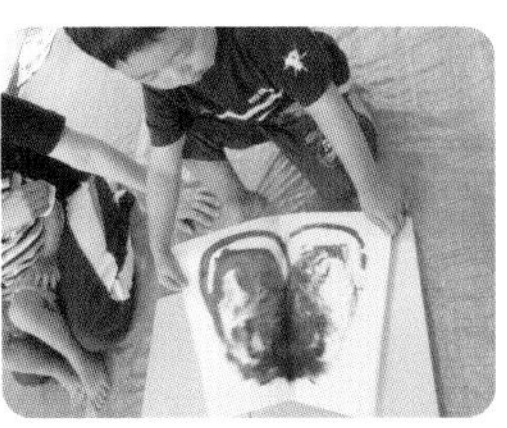

環境と援助

絵の具に近い感触から体験する

0歳児は安全面に配慮し、絵の具に近い感触に触れることから始めましょう。小麦粉や片栗粉に食紅と水を加えて煮溶かすと、トロトロとした感触を味わうことができます。

体を使ってのスタンピング

手などの体を使って描いたりスタンピングしたりするときは、汚れることへの抵抗の少ない場所（指など）からゆっくりと始めましょう。「色が紙に付いた」など、子どもの気付きや思いを受け止めましょう。

スタンプの材料

スタンプの材料は、段ボール板やスポンジなど絵の具が染み込みやすい素材や野菜などの硬い素材から始めましょう。持つ所は、握りやすいように太くて短い物を準備しましょう。

「絵の具に親しむ」行為で得られること

- 感触を味わいながら描くことの楽しさを感じる
- 色の美しさを感じ、色に興味や関心をもつ
- 道具を使って描けるようになる
- 色から感じるイメージをもつことにつながる
- にじんだりはじいたりする絵の具の特性に気付く

●道具を使って絵の具で描いたり塗ったりする。

●スタンプの材質に合わせて押す力加減を調節できるようになる。

●絵の具が混ざり合ったときの色の変化や重なりに気付く。

●鉛筆持ちで筆を持ち、絵の具の感触を味わいながら描けるようになる。

子どもが十分に描けるように

腕を十分に伸ばして描けるように、床に画板を並べて活動しましょう。絵の具は一人に2色ずつ用意してそれぞれの子どもの手元に置き、自分のペースでゆったりと楽しめる環境をつくりましょう。

色の変化を楽しめるように

色が混ざったときの変化が分かりやすいように、白などの明度が高い色を組み合わせます。混ざるとどんな色になるか、子どもと一緒に楽しみましょう。その子なりの気付きが見つかります。

環境と援助のポイント

絵の具の濃さ

0・1・2歳児には、「トロトロ」の濃度の絵の具が、感触を楽しみながら心地良く描けます。絵の具に少しずつ水を足して調節しながら、濃いめに溶くようにしましょう。

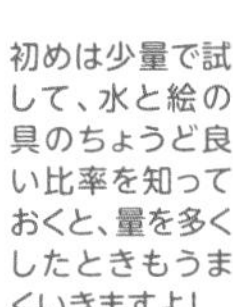

初めは少量で試して、水と絵の具のちょうど良い比率を知っておくと、量を多くしたときもうまくいきますよ!

行為の楽しさを感じられるように

行為自体を楽しむ中で、色の重なりや変化に気付いたり、形の違いに気付いたりできるように丁寧に関わっていきましょう。きれいな仕上がりを求めるのではなく、その子なりの表現につながるようにします。夢中になっているときにはそっと見守ることも大切です。

絵の具の色に興味をもてるように

導入として、子どもの前でスタンプ台に絵の具を入れたり、準備した色を子どもと一緒に見たりするなど、絵の具や色に興味をもてるような工夫をしましょう。絵の具の美しさや楽しさを感じることが、活動への意欲につながります。また、絵の具が途中でなくならないように補充用も準備しておきましょう。

スタンプの形・スタンプ台

段ボール板

片段ボール

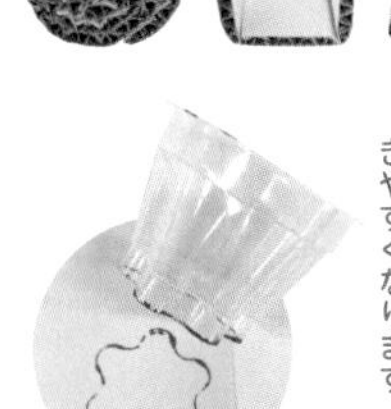

プラスチック容器

絵の具に中性洗剤を少し加えると、付きやすくなります。

綿棒

数本をまとめると、お花みたいに!

タンポ

スポンジに、プチプチシートや果物ネットを巻くなど、いろいろな模様にアレンジできる♪

スタンプ台

皿に置いた布巾やスポンジに濃いめの絵の具を染み込ませます。皿が足りない場合は、一つに同じ系統の2色を使ってもOK。

活動例

デカルコマニー

ビー玉転がし

子どもの個性を読み取ろう

絵の具に親しむことを楽しんでいる姿やできあがった作品から、子どもの個性を読み取ってみましょう。子どもが何を楽しんでいるのかが見え、次の活動へのヒントになります。

子どもの姿から

絵の具は保育者が作る画材料です。濃度や色合い、色画用紙との組み合わせを工夫することが、その子らしさを引き出すきっかけになります。

スタンプの大きさの違いに気付き、小さなスタンプを大きなスタンプの模様に入れています。

活動中にも子どもの思いを受け止めて共感することで、更に活動を楽しむことにつながります。

作品から

作品から、それぞれの子どもが気付いたことや、試して楽しんだことが見えてきます。

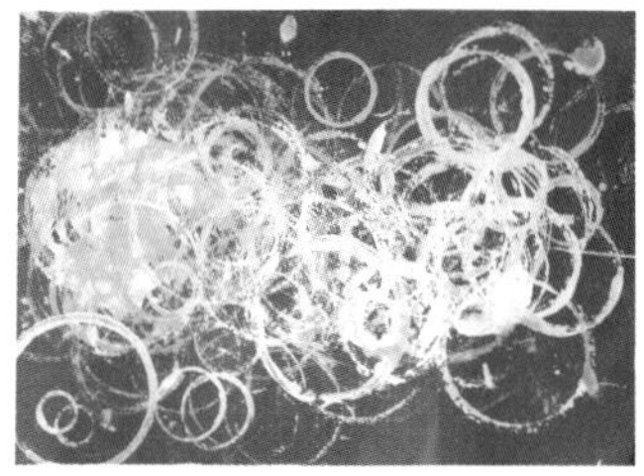

スタンピングを繰り返して面を作っています。

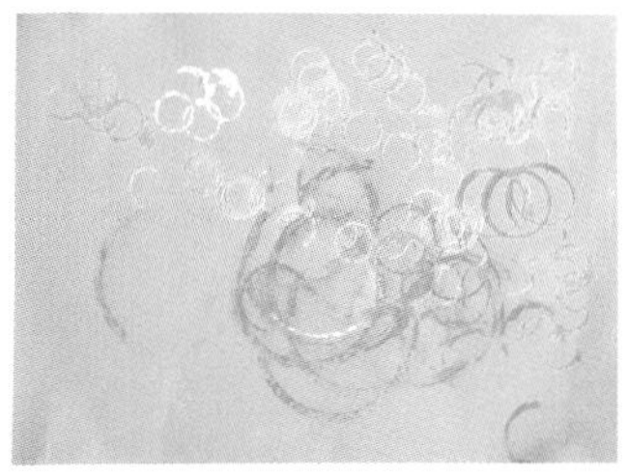

いろいろな大きさや色を試しています。

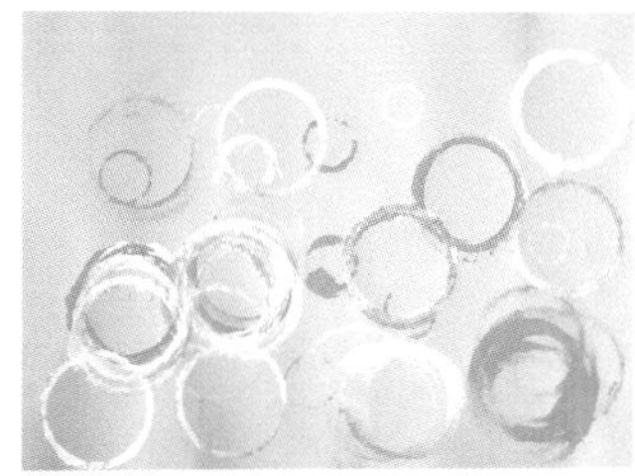

同じ所に重ねてスタンピングをし、色の変化を楽しんでいます。

通す

発達の流れ

●輪の形に興味をもち、輪を通す。

●ストローなどの穴に気付き、通したり外したりして繰り返し遊ぶ。

●穴の大きさの違いに気付く。

●モールなどの硬めの材料を、太めのストローや穴があいた色画用紙に通す。

環境と援助

「通す」ことに興味をもつ

低年齢児は、まず「通す」ことに興味をもてるようにしましょう。水を入れたペットボトルや皿立てなどの自立している棒状の物を用意すると、片手でも簡単に通せる遊びを楽しめます。

初めは穴に気付くことから

初めは、ストローや穴をあけた色画用紙のみを出します。材料に穴があいていることに子どもが気付けるように関わりましょう。穴を見つけることを楽しんでから、モールを渡していきます。

「通す」行為で得られること

- 穴を見つけ、「シュー」と通す感覚的な遊びを楽しめる
- 手元を見て手指を使って遊べる
- リボンやひもに、通した物が増えていくことで、達成感を味わえる
- 自分で選んだり考えたりしながら、その子なりの表現につなげられる

●両手を使って、硬めのひもを穴に通す。

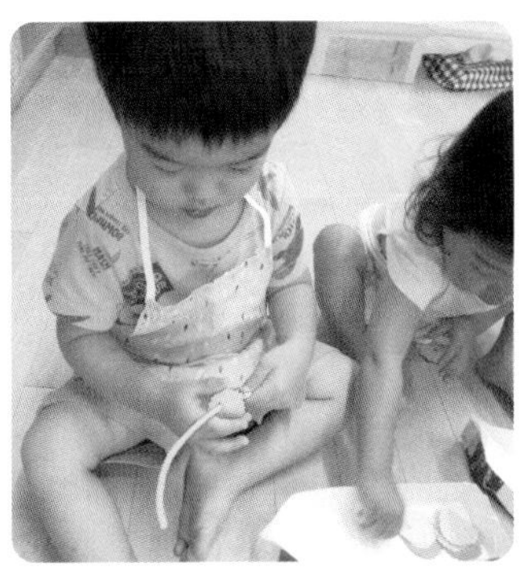

●リボンや毛糸などの柔らかい材料を、一つの方向に通す。

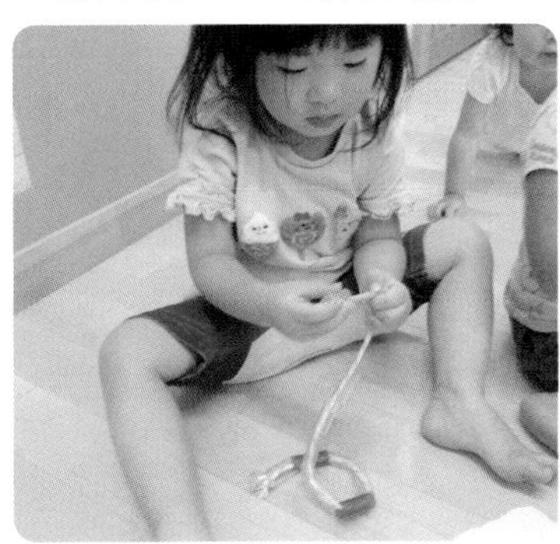

●リボンなどを使い、材料の穴を見つけて様々な方向に通す。

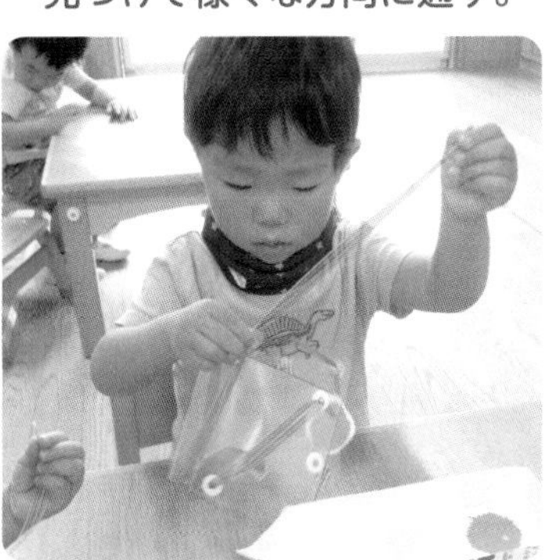

子どもの「できた!」を受け止める

子どもにとっては、一つひもを通しただけでも大発見! 通すことができたうれしさを受け止め、達成感から次の活動へとつながるように丁寧に関わりましょう。

穴が分かりやすいように

両手を使って柔らかい材料にも通せるようになっていきます。穴をあけたクリアフォルダーに通すことに挑戦してみましょう。丸シールを貼ってからパンチで穴をあけると、シールの色が目印になり、ひもを通すきっかけになります。

環境と援助のポイント

材料は見えやすく扱いやすく

素材は、浅めの入れ物に適量を入れておくと、見やすく扱いやすくなり、材料に興味をもつことにつながります。また、机を準備するなど、落ち着いて遊べる環境をつくりましょう。

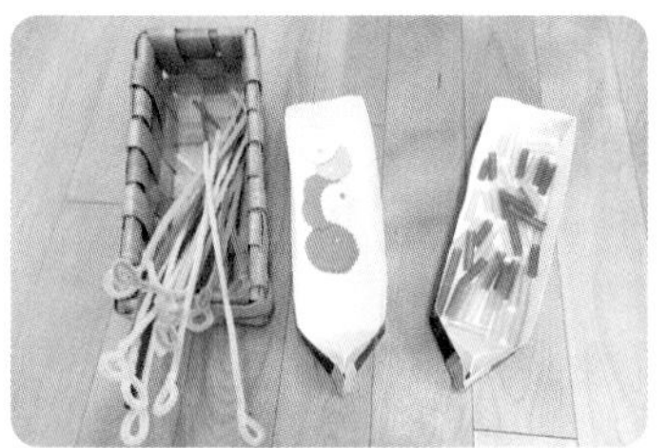

繰り返し楽しめるように

初めは1本のリボンを使って楽しみますが、リボンが短くなったら次のリボンを渡すなど、繰り返しひも通しができるようにしましょう。

一人ひとりのこだわりを受け止めて

子どもは、自分の好みの材料を見つけて考えながら通していきます。こだわりは色・素材・長さなど様々で、子どもによって使いたい材料も違います。材料は多めに用意しておき、必要に応じて足していきましょう。

リボンでのひも通しの工夫

リボンでひも通しをするときは、片端にセロハンテープを巻き、もう一方の端にストローを結んでおきましょう。

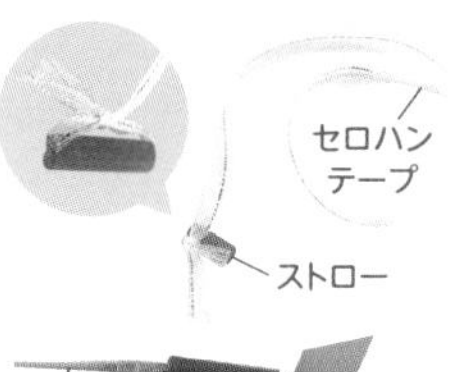

うまく通せない子どもには、リボンの端に先を切ったつまようじをセロハンテープで巻き付けると、通しやすくなります。リボンを持つ手に保育者が手を添えてあげてもいいですね。

活動例

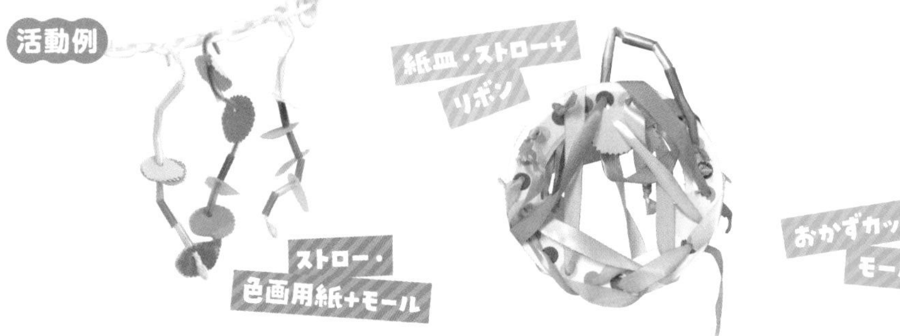

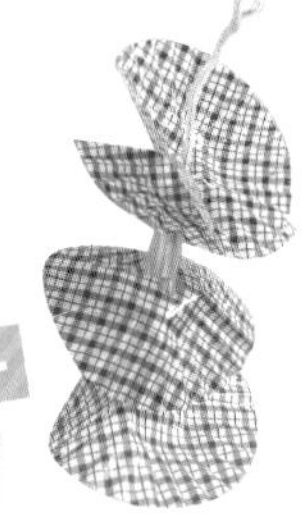

子どもの個性を読み取ろう

通すことを楽しんでいる姿やできあがった作品から、子どもの個性を読み取ってみましょう。子どもが何を楽しんでいるのかが見え、次の活動へのヒントになります。

子どもの姿から

「穴を見つけた!」「できた!」など子どもの思いを受け止めて夢中を支えることが、その子らしい表現につながっていきます。

いろいろな穴を見つけ、「つぎはどこにとおそうかな?」と考えながら通しています。

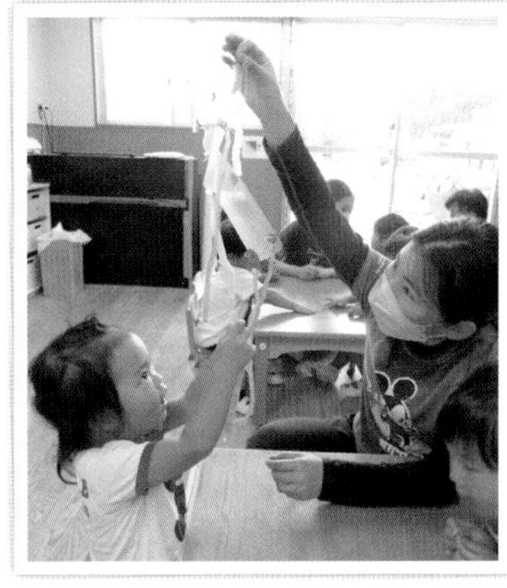

長くつなげている子どもの様子から、保育者が高い所で持って見せています。自分が作った物の長さに気付き、意欲につながります。

作品から

作品から、子どもがどんなふうに穴を見つけて、どんな遊びを楽しんだのかが見えてきます。

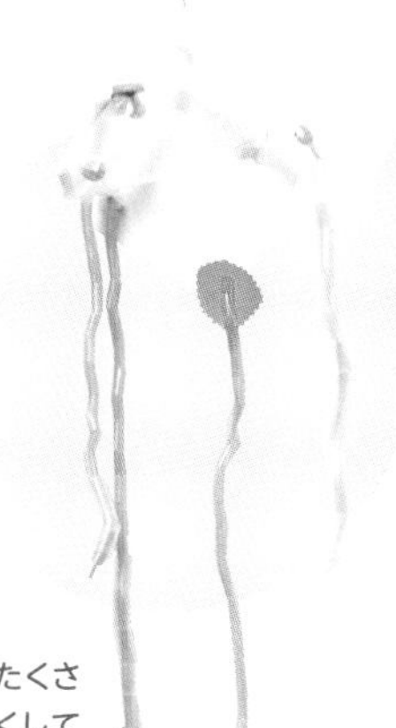

ストローをたくさん通し、長くしています。

クリアフォルダーの柔らかさを楽しみ、いろいろな方向から通しています

素材を組み合わせ、長くなっていくことを楽しんでいます。

ちぎる

発達の流れ

●目についた物に触れ、握ったり引っ張ったりして確かめる。

●紙を引っ張ると、しぜんにちぎれたり破れたりすることに気付く。

●紙がちぎれるときの音を楽しむ。

●紙をちぎると形が変わることに気付く。

環境と援助

"ちぎれる"に出会う

ちぎることを教えるのではなく、紙を触ったり握ったりしているうちに、しぜんに"ちぎれる"ことを経験できるようにしましょう。

様々な「ちぎる」環境

小さな紙を用意したり、大きな紙を棚に貼ったりするなど、様々な大きさの紙で「ちぎる」を経験できるようにしましょう。指先を使ったり全身を使ったり、紙の大きさに合わせて存分に遊べます。

触ってみたくなるような素材

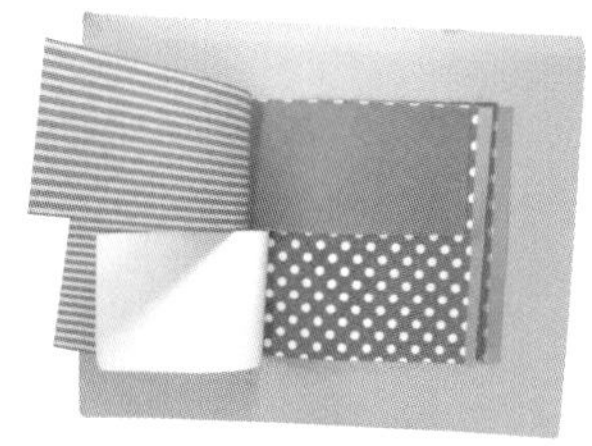

ひらひら揺らす、パラパラめくるなど、子どもが手に取ってみたくなるような素材の出し方を考えましょう。

「ちぎる」行為で得られること

- ☆音や感触を感じながら楽しむことができる
- ☆自分で手を動かすと形が変わっていくことに気付く
- ☆物を触るときの力加減が分かるようになる
- ☆左右の手で違う動きができるようになる

●左右の手を別々に動かしてちぎる。

●紙の種類による、ちぎる感触の違いに気付く。

●硬い紙と柔らかい紙で、質感に合わせて力を加減する。

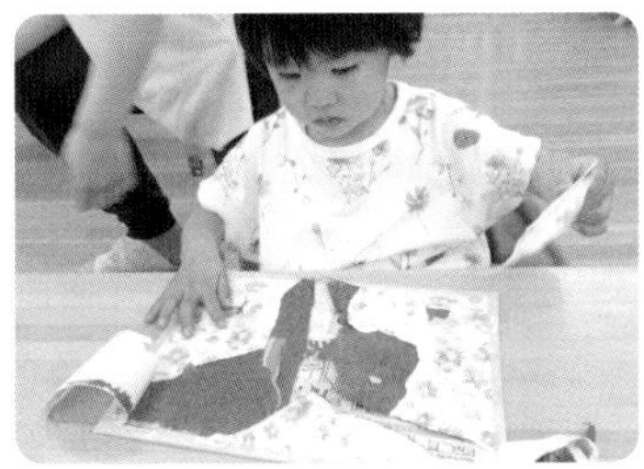

●指先に力を入れて細かくちぎる。

●ちぎった物を何かに見立てる。

ひとりでじっくり取り組む

フラワーペーパー、新聞紙、色紙を色画用紙に重ね、周りをテープで留めます。切り込みを入れておくと、ちぎるきっかけになります。

中から様々な種類の紙が出てくることに気付き、しぜんと両手の指先を使ってひとりでじっくりと取り組む姿が見られるようになってきます。

紙以外の素材をちぎる

紙以外にも、梱包シートやスズランテープなど、簡単にちぎれる素材があります。紙とは違った感触が楽しめ、「モノ」に対する興味や関心につながります。

両面テープを貼った模造紙にスズランテープをくっ付けておくと、ちぎる遊びが楽しめます。

環境と援助のポイント

材料の特質

紙の厚さによってちぎるときの感触や力加減が変わります。楽しく遊ぶために、年齢に合った材料の準備が大切です。あらかじめ保育者自身が試し、子どもの遊びを体感しておきましょう。

- 薄い紙は一枚ずつ取れるように準備する
- 画用紙など硬い紙はもんで柔らかくしておく
- 紙の繊維の目に沿った方向に切り込みを入れ、ちぎるきっかけをつくる

ちぎれたときの音や感触を楽しむ

ちぎれたときの音や感触など、子どもの気付きを見逃さないように受け止めましょう。「ビリビリビリ」など、聞こえた音や感覚を言葉にして伝えると、もっとやってみたいという意欲につながります。

子どもの個性を読み取ろう

ちぎることを楽しんでいる姿やできあがった作品から、子どもの個性を読み取ってみましょう。子どもが何を楽しんでいるのかが見え、次の活動へのヒントになります。

子どもの姿から　ちぎるときに、感触を楽しむ子ども、音を楽しむ子ども、ちぎれた紙の形の違いに気付く子どもなど、楽しみ方はそれぞれです。子どもの遊びを見つけ、認めていくことが、その子らしさにつながります。

大きくちぎり、音を楽しんでいます。

細かく細かくちぎっていっています。

春の制作

型紙：P.166

POINT

にじむ様子を楽しむ

にじんだ模様がきれいなこいのぼりです。霧吹きで水を掛けるとペンの色がにじむ様子を、一緒に見て楽しみましょう。

じんわり こいのぼり

一人ひとりの作品がよく見えるように、間隔をあけて飾りましょう。動きをつけて飾ると、大空で泳いでいるように見えますよ。

- 色画用紙（体、目）
- 障子紙

作り方

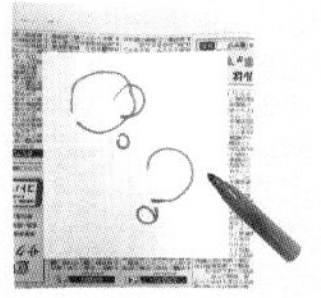

❶障子紙に水性ペンで描く。

❷霧吹きで水を吹き掛ける。★

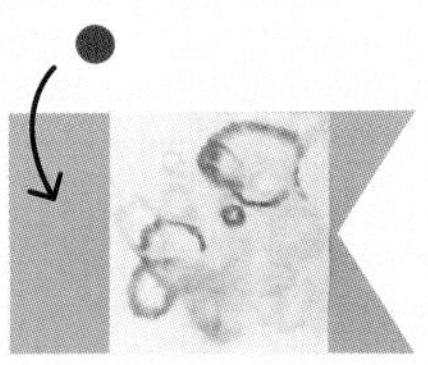

❸色画用紙（体）に、乾かした❷と色画用紙（目）を貼る。

 ★は、保育者の工程です。

描く

POINT

小さな紙に描く

小さな紙に繰り返し描くことで、満足感を味わえるようにしましょう。

こいのぼり飾り

型紙：P.166

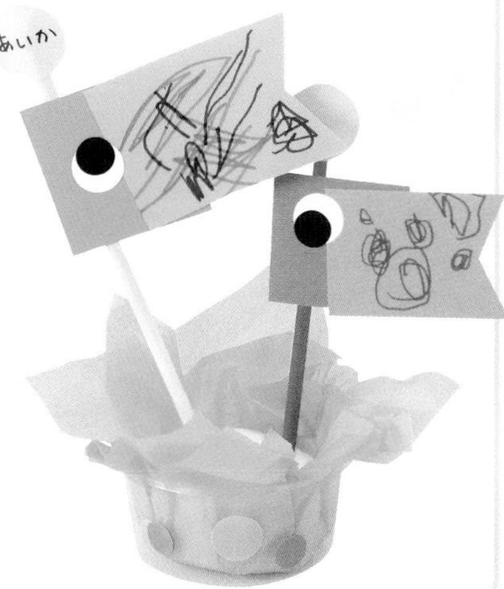

準備物

- 色画用紙(頭、体)
- 丸シール(目、飾り)
- フラワーペーパー
- プラカップ
- 紙粘土
- ストロー

作り方

1. 色画用紙(体)に描く。
2. プラカップに丸シールを貼る。
3. 色画用紙(顔)に❶と丸シール(目)を貼り、ストローにテープで留める。

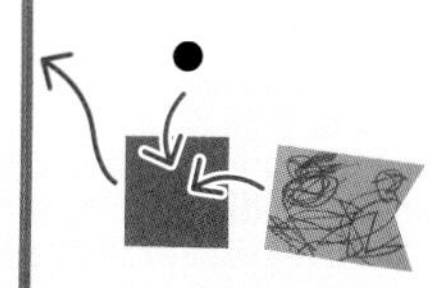

4. ❷にフラワーペーパーをのせ、紙粘土を入れる。
❸のストローの先に丸シール(飾り)を貼る。★
5. ❹の紙粘土に❸を差す。

貼る

型紙：P.166

POINT

形の違うシールを貼る

シールの大きさや形の違いに気付き、自分なりに貼ることを楽しめるようにしましょう。

ペタペタこいのぼり

準備物

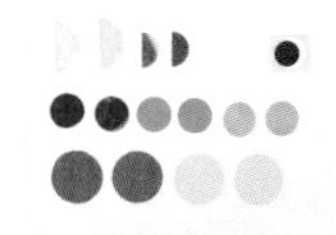

- 色画用紙
(顔、体：両端を折ってのりしろを作る、尾びれ)
- 丸シール
(うろこ：大・中、目)

作り方

1. 色画用紙(体)に丸シール(うろこ)を貼り、色画用紙(顔)に丸シール(目)を貼る。
2. それぞれの色画用紙をつなげる。★

感触を楽しむ

型紙:P.166

クシュクシュこいのぼり

POINT

ゆったりと触る

フラワーペーパーにゆったりと触れ、感触や音を楽しみながら進めましょう。

準備物

● フラワーペーパー(1/2)
● チャック付きポリ袋 ● リボン
● 色画用紙(尾びれ・目:裏に両面テープを貼る)

作り方

❶ チャック付きポリ袋にフラワーペーパーを詰める。

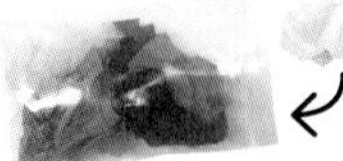

❷ ポリ袋の口を閉じ、裏に折ってセロハンテープで留める。色画用紙(尾びれ)を貼り、リボンを裏からセロハンテープで留める。★

❸ 色画用紙(目)を貼る。

感触を楽しむ

LEVEL

つめつめこいのぼり

POINT

感触や色の美しさを感じる

セロハンとアルミホイルの素材の違いに気付き、パリパリした感触や色の美しさを感じながら握ったり丸めたりすることを楽しみましょう。

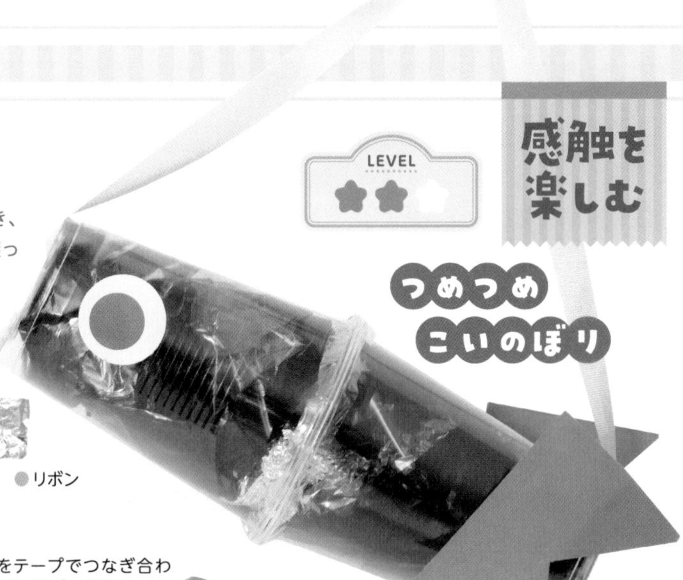

準備物

● 透明コップ2個 ● セロハン ● アルミホイル ● リボン
● 色画用紙(目・尾びれ:裏に両面テープを貼る)

作り方

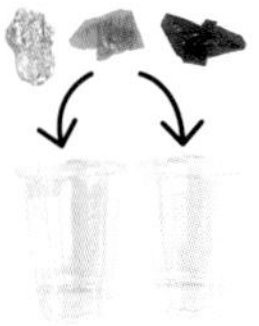

❶ セロハンとアルミホイルを握ったり丸めたりしながら透明コップに入れる。

❷ ❶をテープでつなぎ合わせ、両端にリボンを貼る。★

❸ 色画用紙(目・尾びれ)を貼る。

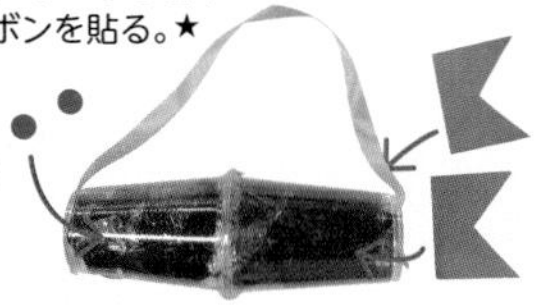

★は、保育者の工程です。

絵の具に親しむ

LEVEL ★★☆

POINT

スタンピングを楽しむ

色画用紙にスタンピングをすると、絵の具が付くことを子どもが楽しめるように、ゆったりと関わりましょう。

型紙：P.166

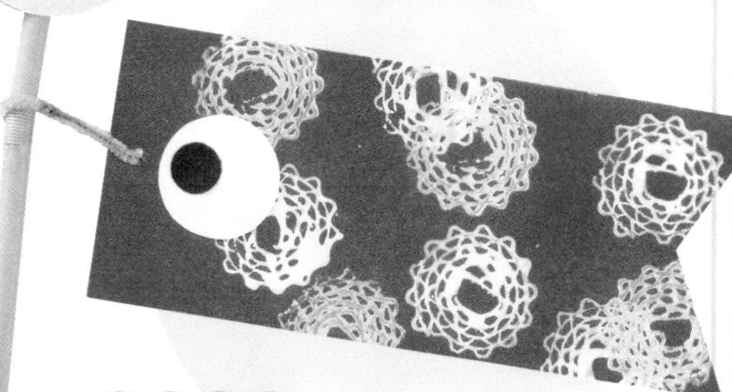

スタンプこいのぼり

準備物

- 色画用紙（体：半分に折って尾びれを切る、目）
- スタンプ（片段ボールを巻く）

作り方

色画用紙（体）を開き、スタンピングをする。乾いたら半分に折り、色画用紙（目）を貼る。

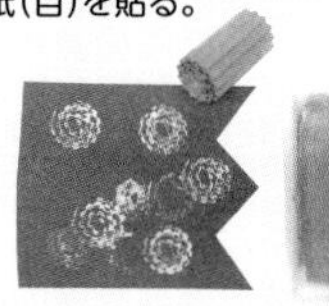

※作品にパンチで穴をあけてモールを通す。丸形の色画用紙2枚（金色紙を貼る）で挟んだストローにモールを結び付ける。★

絵の具に親しむ

LEVEL ★☆☆

型紙：P.166

ふにふにこいのぼり

POINT

絵の具の感触や色の重なりを楽しむ

クリアフォルダーで絵の具を挟んだときの、絵の具の色の混ざり具合を楽しみ、子どもの驚きや気付きに丁寧に関わりましょう。

準備物

- クリアフォルダー（半分に切る）
- 色画用紙（尾びれ）
- アルミカップ
- 丸シール（目）

作り方

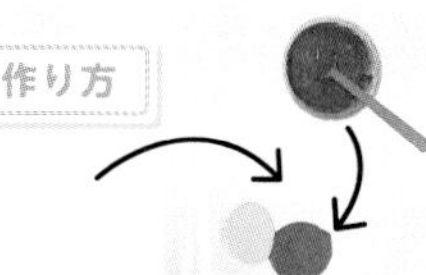

1. クリアフォルダーに中性洗剤を混ぜた濃いめの絵の具をのせて閉じる。
2. 絵の具がはみ出さないように、マスキングテープで囲う。★
3. ❷の絵の具を手で押したり広げたりする。
4. アルミカップと丸シール、色画用紙を❸に貼る。

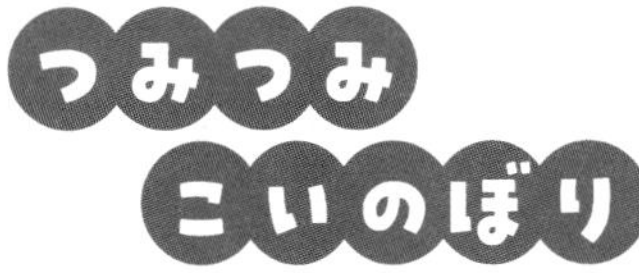

POINT

棒に通す

棒に通す遊びは、「通す」ことに興味をもつ第一歩です。輪が穴になっていることに気付けるように、ゆったりと関わりましょう。

子どもが通すことを楽しんだ遊びを作品として、そのまま飾りましょう。

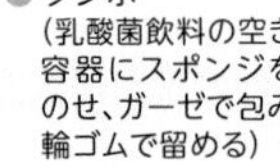

【こいのぼり】
- 色画用紙
- ペーパー芯（1/3／こいのぼり用、飾り用：マスキングテープで飾る）
- 丸シール（目）
- タンポ（乳酸菌飲料の空き容器にスポンジをのせ、ガーゼで包み輪ゴムで留める）

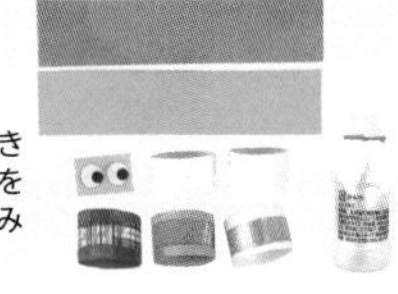

【土台】

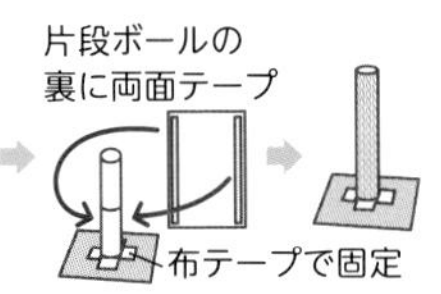

作り方

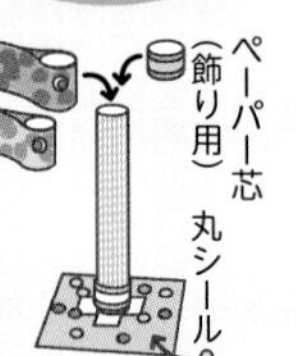

 ★は、保育者の工程です。

貼る 描く

LEVEL ★★☆

ハチ

POINT

できあがる過程を楽しむ

パスで描く活動を楽しみながら、徐々にハチになっていく過程を感じられるように、分かりやすい言葉で伝えながら作っていきましょう。

準備物

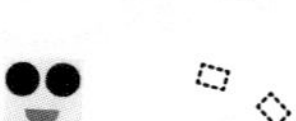

- 色画用紙（顔・胴体：丸形、針：三角形）
- レースペーパー（触覚：1/8）
- モール（半分に折り、先を丸める）
- 丸シール（目、口）
- リボン

作り方

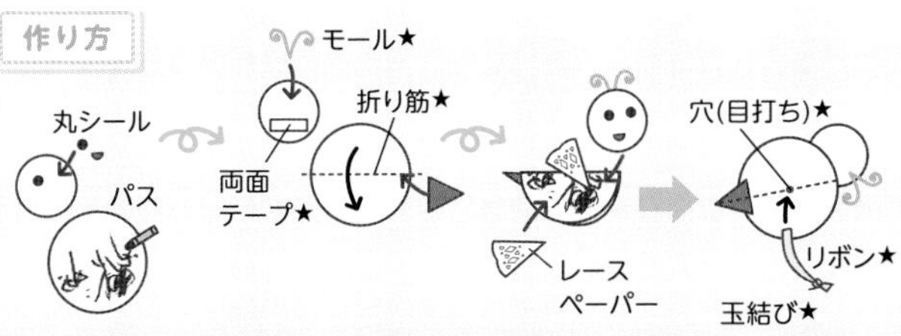

難易度CHANGE

LEVEL ★★★

はじき絵に

胴体はパスで描き、上から絵の具を塗ります。顔や羽はのりで貼りましょう。

描く

絵の具に親しむ

型紙：P.166

POINT

絵の具をはじくことに興味をもって

パスの上から絵の具で描くと、パスの模様が浮き出ることに気付いたり興味をもったりできるようにしましょう。

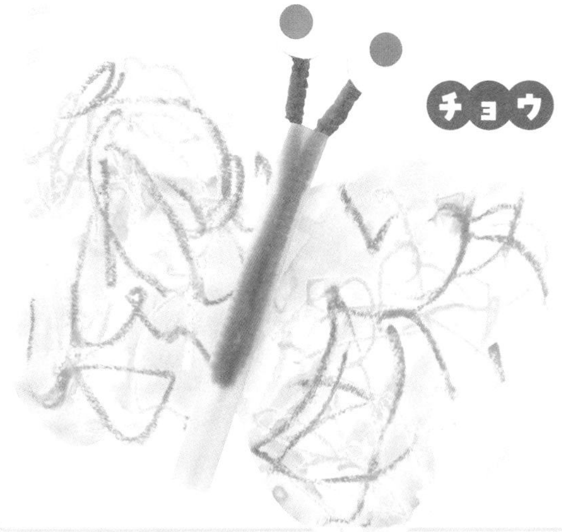

準備物

- 画用紙（羽）
- 丸シール（大：4枚、小：2枚）
- ストロー（太）
- モール

作り方

❶ 画用紙にパスで描き、薄めに溶いた絵の具を塗る。

❷ ❶にストローを貼る。

❸ モールの両端を丸シール（大）で挟むように貼る。

❹ ❸の丸シール（大）に丸シール（小）を貼り、モールを半分に折って❷のストローに通す。

描く

貼る

LEVEL

POINT

ポリ袋に描く

ポリ袋に描いたときの、スルスルと滑るような感触を楽しみましょう。

準備物

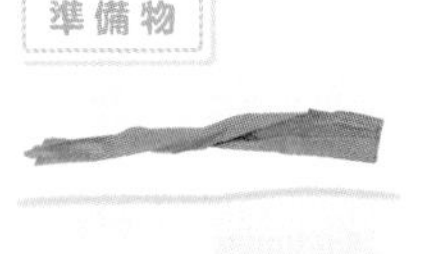

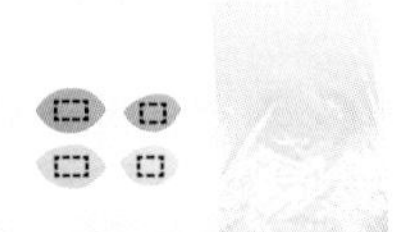

- 小さめのポリ袋
- 緑系色画用紙（葉：裏に両面テープを貼る）
- 茶系色画用紙（細く巻いてねじる）
- モール

作り方

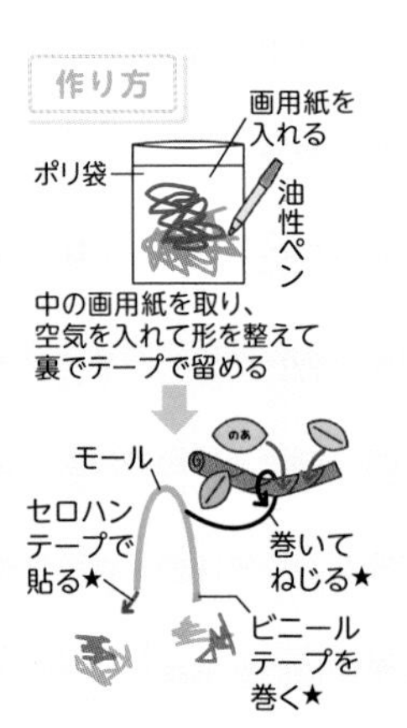

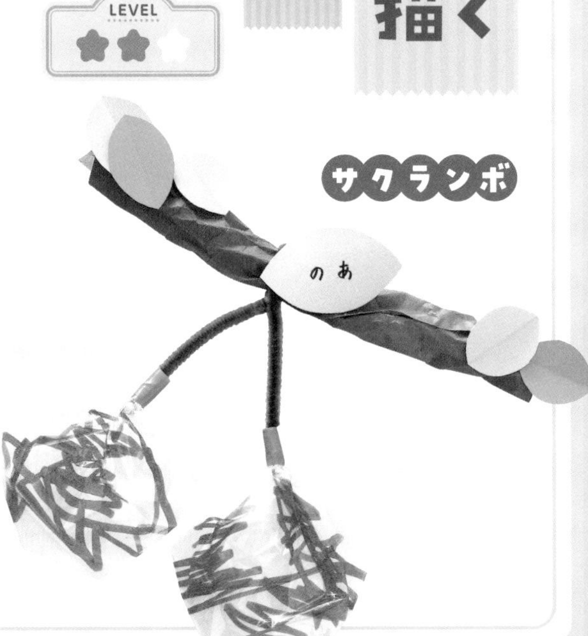

 ★は、保育者の工程です。

貼る　描く

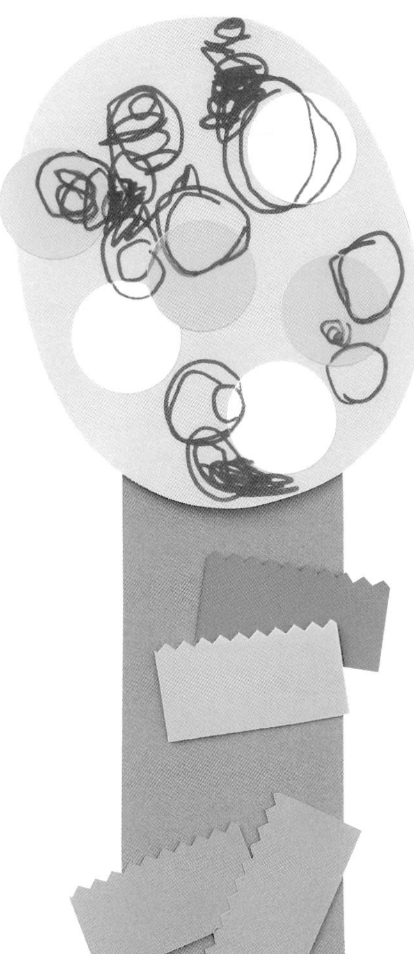

ツクシ

型紙：P.168

LEVEL

POINT

丸シールをきっかけに

まずは、シール貼りを楽しみます。貼った丸シールが仕掛けとなって、それぞれの子どもなりの描き方を楽しめます。

難易度CHANGE

LEVEL

茎をビニールテープでつなげる

長方形の色画用紙をビニールテープでつなげて茎に。たくさんつなげて茎が伸びると、一人ひとり違ったツクシができますよ。

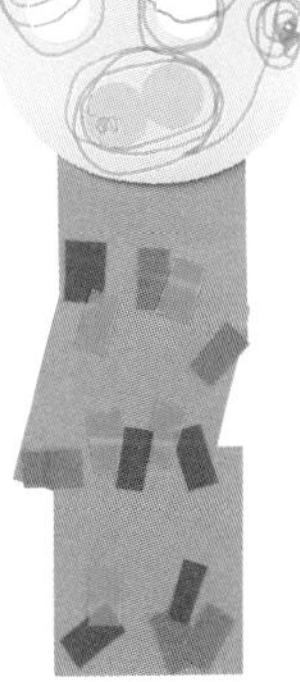

準備物

- 色画用紙（穂、茎、はかま：長辺の片側をピンキングばさみで切り、裏に両面テープを貼る）
- 丸シール（大、中）

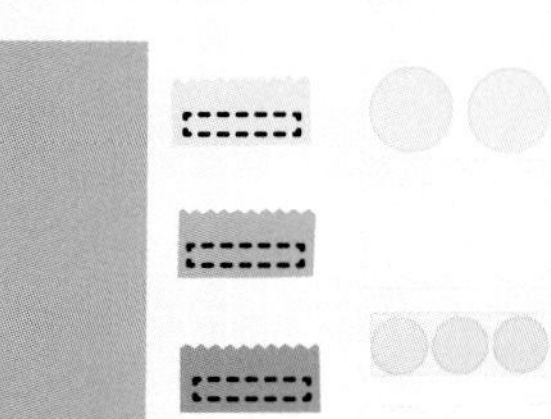

作り方

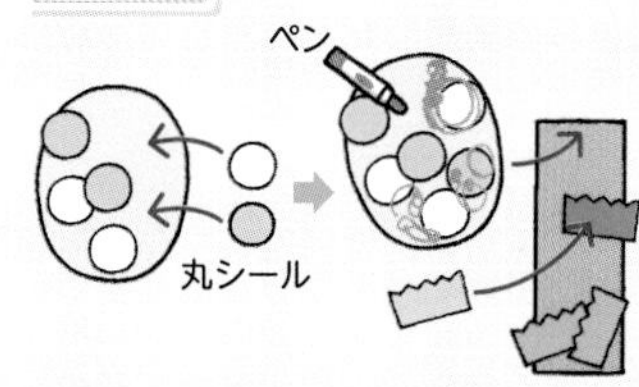

貼る

感触を楽しむ

LEVEL ★★★

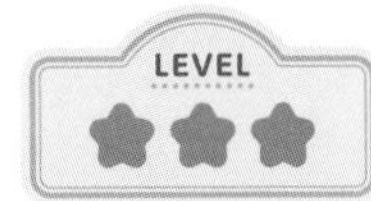

POINT
立体物にシールを貼る

手元をよく見ながら、立体物にシールを貼ることを楽しみましょう。

型紙：P.166

イチゴ

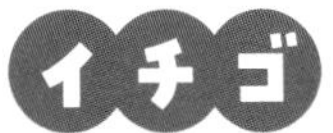

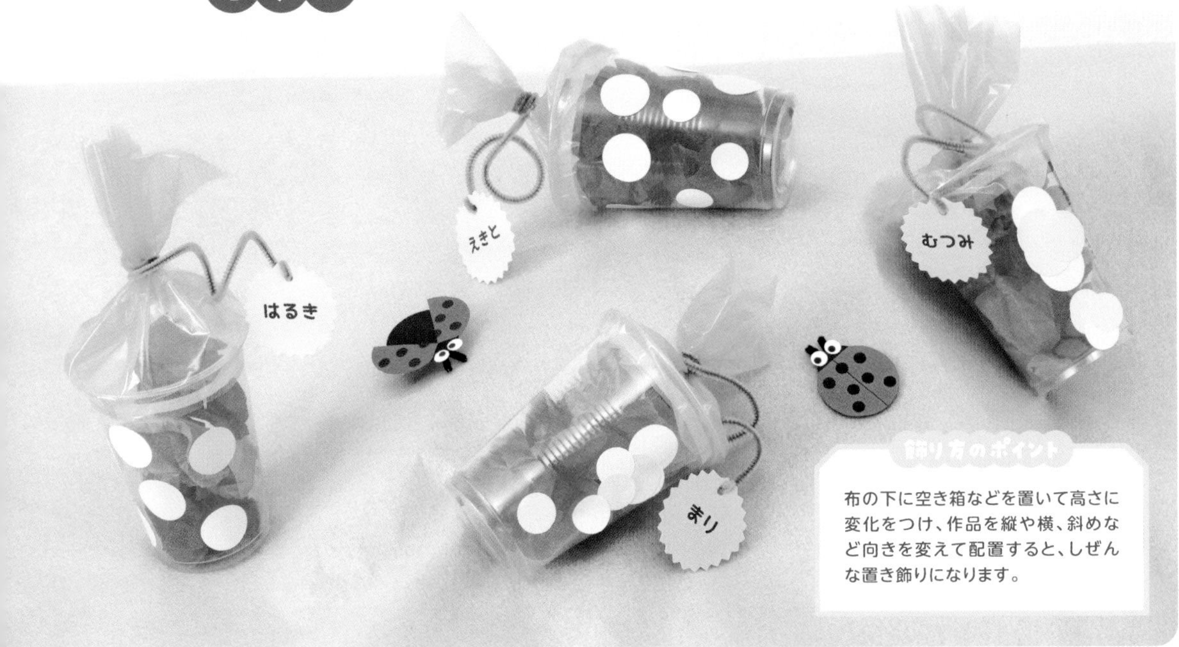

飾り方のポイント

布の下に空き箱などを置いて高さに変化をつけ、作品を縦や横、斜めなど向きを変えて配置すると、しぜんな置き飾りになります。

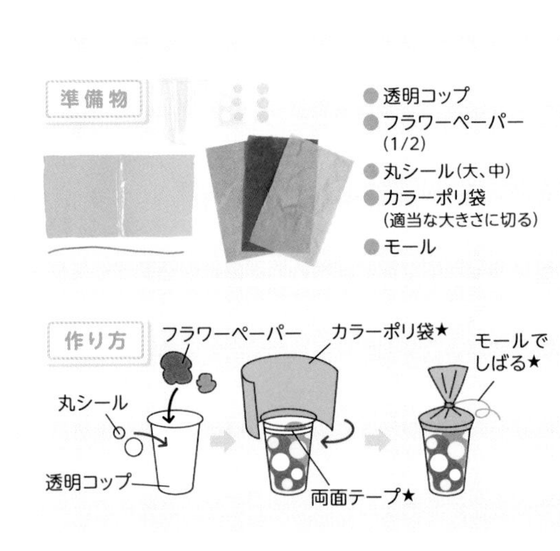

準備物

- 透明コップ
- フラワーペーパー（1/2）
- 丸シール（大、中）
- カラーポリ袋（適当な大きさに切る）
- モール

作り方

\ 難易度CHANGE /

LEVEL ★

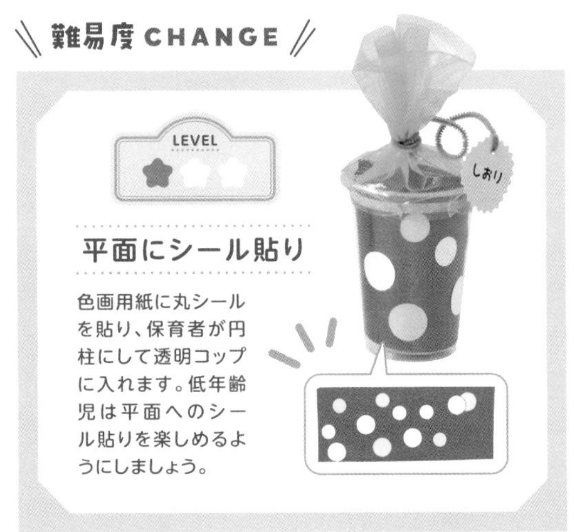

平面にシール貼り

色画用紙に丸シールを貼り、保育者が円柱にして透明コップに入れます。低年齢児は平面へのシール貼りを楽しめるようにしましょう。

 ★は、保育者の工程です。

ちぎる 貼る

LEVEL ★★☆

POINT
その子なりのシールの貼り方を楽しむ

シール貼りでは、その子どもだけのリズムや貼り方が見られます。シール同士の集まりや並びなどに子どもが気付けるよう、言葉にしながら関わりましょう。

準備物

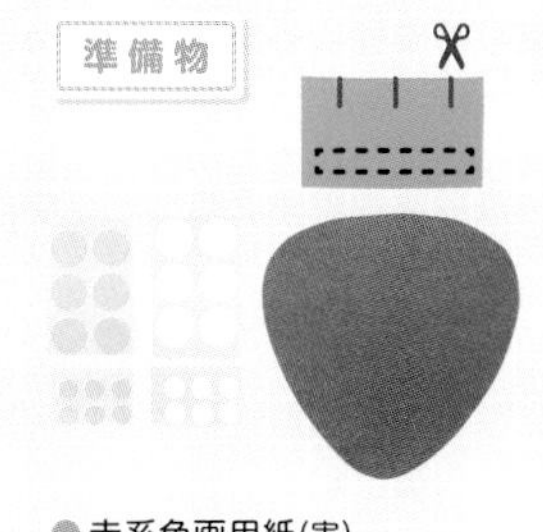

- 赤系色画用紙(実)
- 丸シール(大、中)
- 緑系色紙
(1/6に切り、裏に両面テープを貼る。数箇所切り込みを入れる)

作り方

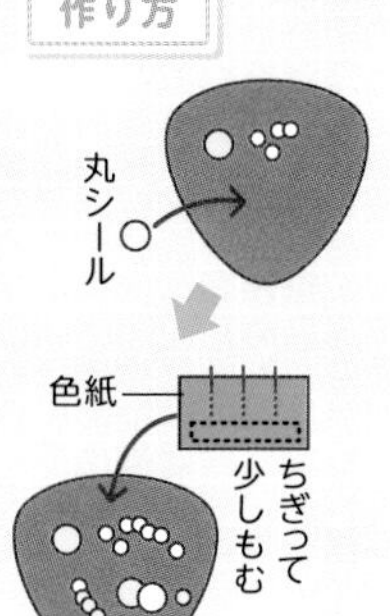

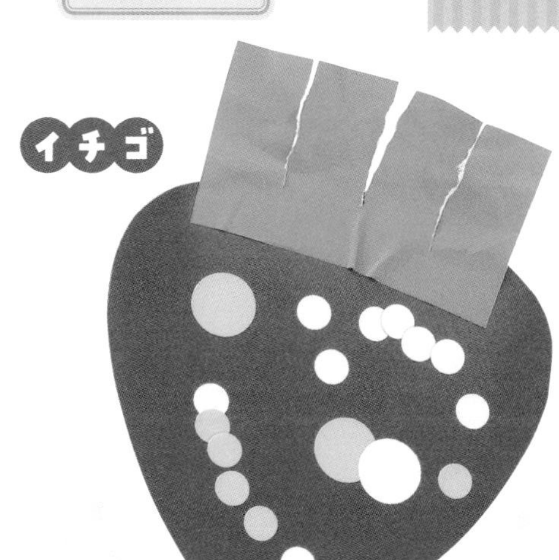

貼る

型紙:P.167

LEVEL ★★☆

POINT
シールをめくって貼る

土台の画用紙の形を確かめてから貼ります。シール台紙を折って渡したり、手を添えたりするなど、子どもの発達に応じて援助しましょう。

準備物

- 色画用紙(花、葉・茎:両面テープを貼る)
- 丸シール(大、中)

作り方

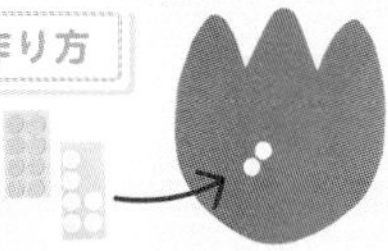

❶ 色画用紙(花)に丸シールを貼る。

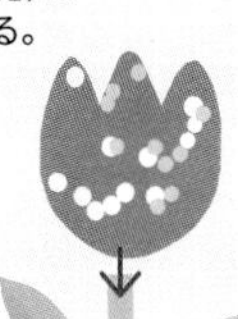

❷ 色画用紙(茎)に色画用紙(葉)と❶を貼る。

貼る

感触を楽しむ

平面や立体物にシールを貼る

丸シールを立体物や平面の部分に貼ることを楽しみましょう。

テントウムシ

準備物

- 透明のガチャポンケース(片側)
- 色画用紙(体:ガチャポンケースよりひと回り大きく切る、顔)
- フラワーペーパー(1/4)
- スズランテープ(7〜8cm)
- 丸シール(目:白の上に黒を貼る、模様:大・中)
- モール(触覚)

作り方

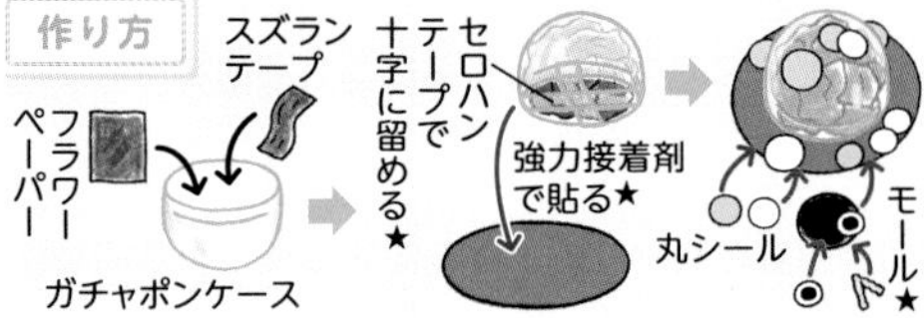

ラミネートシートの粘着を楽しむ

手貼り用のラミネートシートを使います。初めは、粘着部分を触って、ペタペタとくっ付く感覚を楽しみましょう。

準備物

- 手貼り用ラミネートシート
- (柄)色紙
- 色画用紙
- レースペーパー
- ペットボトル(底:切り口をテープで保護する。ペットボトルに三つ編みにしたスズランテープを穴をあけて付ける)

作り方

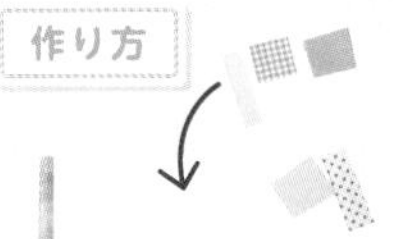

❶ラミネートシートに(柄)色紙、色画用紙、レースペーパーを貼る。

❷❶を閉じてマスキングテープで周りを留め、ペットボトルに貼る。★

 ★は、保育者の工程です。

LEVEL ★★★

貼る

型紙：P.167

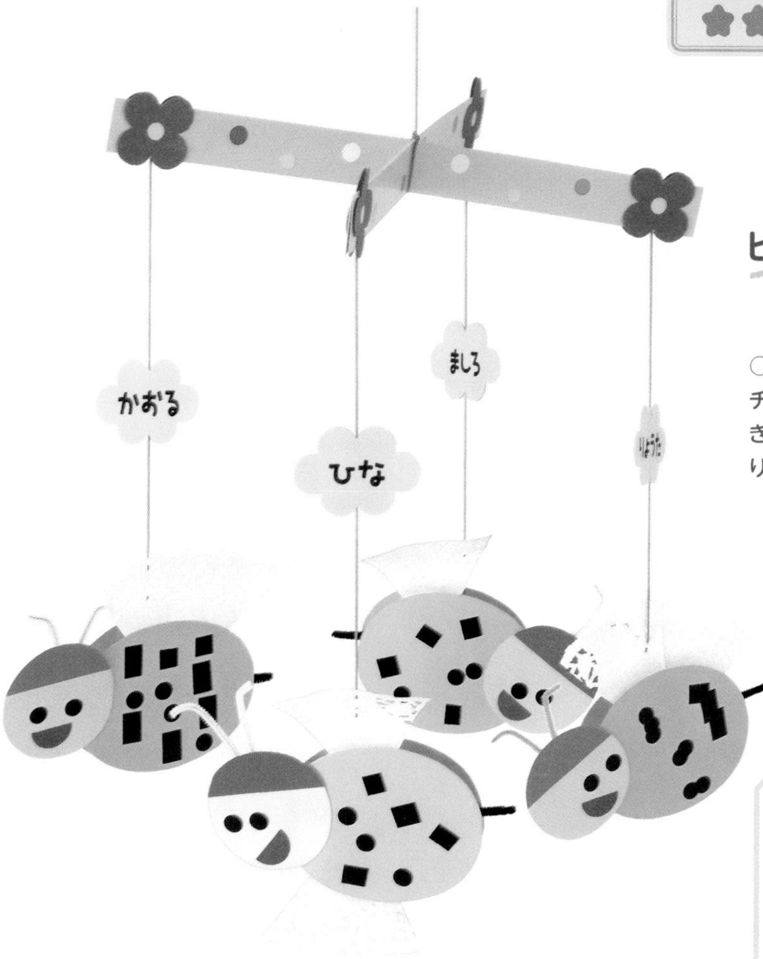

POINT

丸シールとビニールテープを組み合わせる

○や□のシールを貼って、ハチの模様に！ 形の違いに気付き、指先を使ってペタペタ貼りましょう。

かおる
ひな
ましろ
りょうた

ハチ

飾り方のポイント

つるして飾るとゆらゆらと揺れ、子どもが興味や関心をもって、目で追ったり、触ろうと手を伸ばしたりする様子が見られます。空間を捉えることにもつながります。

準備物

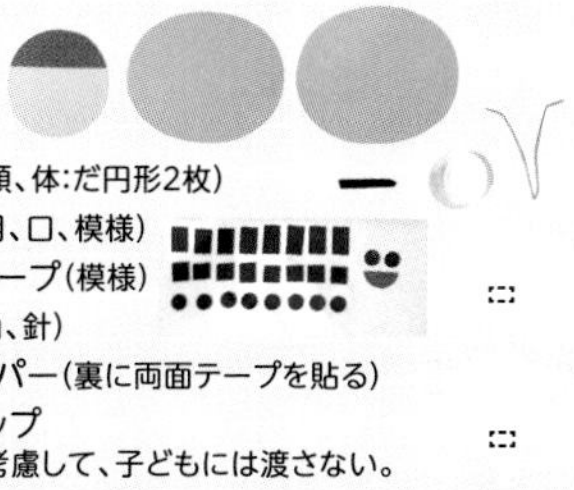

- 色画用紙（顔、体：だ円形2枚）
- 丸シール（目、口、模様）
- ビニールテープ（模様）
- モール（触角、針）
- レースペーパー（裏に両面テープを貼る）
- ボトルキャップ
  ※安全面を考慮して、子どもには渡さない。

作り方

❶ 色画用紙に丸シール、ビニールテープを貼る。

裏

❷ 色画用紙（体）に、色画用紙（顔）とレースペーパーを貼る。

❸ 色画用紙（体）2枚の間にボトルキャップを挟むように、テープで留める。モール（触角、針）を貼る。★

感触を楽しむ

型紙：P.166

POINT
ゆったりと触れる

フラワーペーパーを1枚ずつそっとつまみ、感触を楽しみながら丸めたり、広げたりすることを繰り返す時間を大切にしましょう。

飾り方のポイント

机に黄緑色の不織布などを敷くと、野原に変身♪ 保育室の中でもしぜんに春を感じられます。

難易度CHANGE

感触を楽しむ

フラワーペーパーの感触を楽しみながら、プラカップに入れましょう。

準備物

- ペットボトル
  (500mlのペットボトルを切り、切り口をマスキングテープで保護する)
- フラワーペーパー（1/2、1/4）
- 紙テープ
  (しずく形にし、両面テープを貼る)
- 色画用紙（葉）

葉の作り方

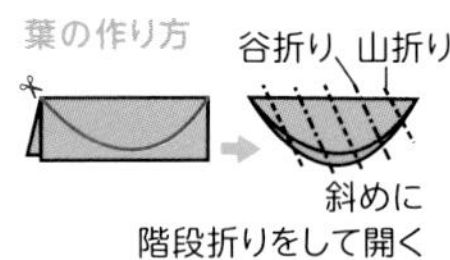

作り方

貼る

感触を楽しむ

花

POINT

感触の違う材料に触れて

材料に触れ、ゆっくりと確かめながら感触の違いを楽しみましょう。

難易度CHANGE

プラスワン工程で置き飾りに

色画用紙に、フラワーペーパーを丸めてのりで貼り、両面テープで作品を貼り付けます。保育者が色画用紙を円柱にすると自立し、置き飾りにぴったりです。

準備物

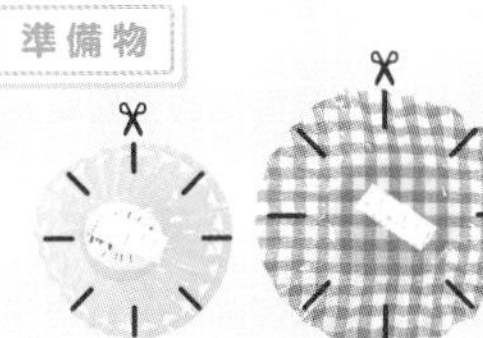

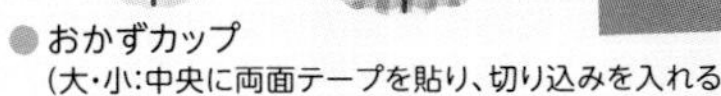

- おかずカップ（大・小：中央に両面テープを貼り、切り込みを入れる）
- フラワーペーパー（1/4）
- ストロー

作り方

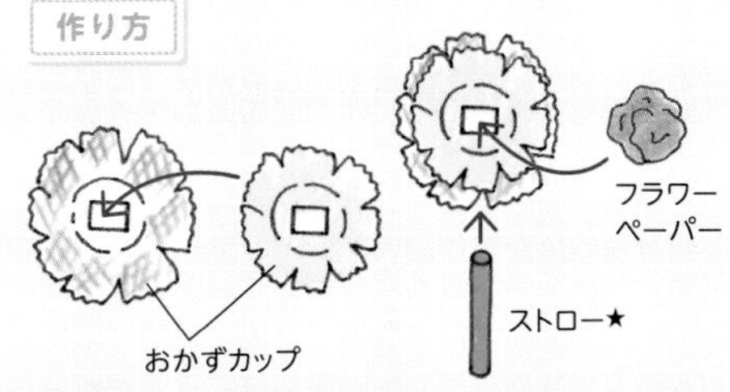

感触を楽しむ

型紙：P.167

POINT
感触や音を感じて

フラワーペーパーやスズランテープを握ったり丸めたりして、感触や音を楽しむことを大切にしましょう。

サクランボ

準備物

- ポリ袋
（角を折りテープで留める）
- フラワーペーパー（1/2）
- スズランテープ
- モール（半分に折る）

作り方

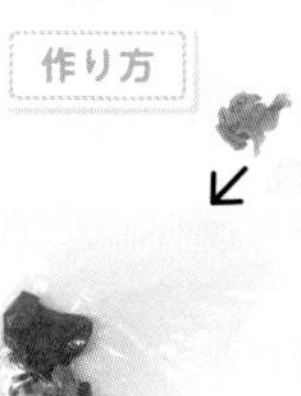

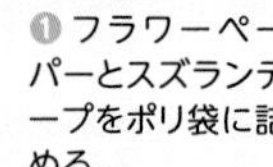

❶ フラワーペーパーとスズランテープをポリ袋に詰める。

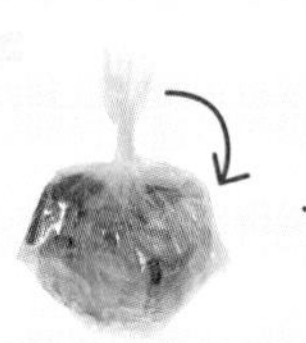

❷ ❶の口をセロハンテープで留め、形を丸く整える。★

❸ ❷にモールを貼る。★

飾り方のポイント

柄付き色紙やレースペーパーを土台にして、周りに花を散らすと、サクランボのかわいらしい雰囲気がアップします。

 ★は、保育者の工程です。

貼る

感触を楽しむ

LEVEL ★★☆

POINT

材料の違いを感じながら

細い色画用紙の長さを感じることをきっかけにし、材料の違いを感じながら貼りましょう。

アオムシ

準備物

- 色画用紙（顔、胴体）
- フラワーペーパー（1/4、1/8）
- おかずカップ（表と裏の中心に両面テープを貼る）
- モール（触覚）

作り方

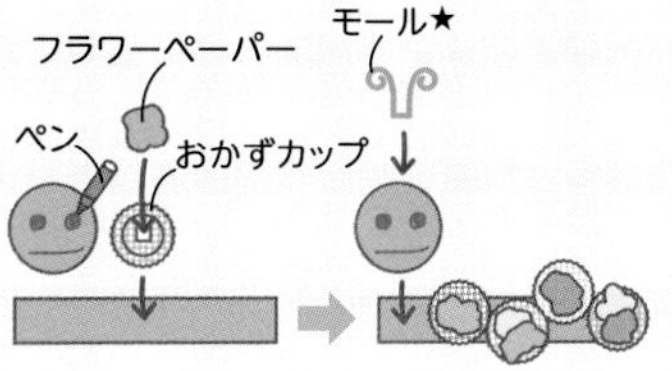

ペン　フラワーペーパー　おかずカップ　モール★

たゆませて遊ぶと楽しい♪

感触を楽しむ

LEVEL ★☆☆

POINT

色の美しさを感じる

セロハンやスズランテープの感触の違いを確かめながら袋に入れます。材料の色の美しさを一緒に楽しみましょう。

小鳥

準備物

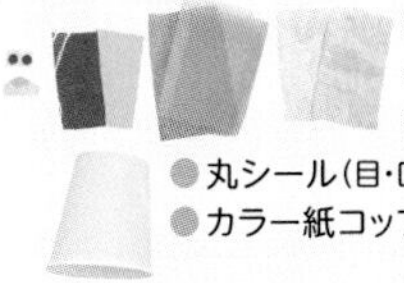

- ラッピング袋
- スズランテープ
- フラワーペーパー（1/4）
- 丸シール（目・口）
- セロハン
- カラー紙コップ（底に両面テープを貼る）

作り方

1. ラッピング袋にスズランテープ、フラワーペーパー、セロハンを詰める。
2. ❶の口をねじ留め、両面テープを貼る。★
3. カラー紙コップに、❷と丸シールとフラワーペーパーを貼る。
4. 貼った❷をセロハンテープで補強する。★

絵の具に親しむ

型紙：P.168

POINT
ビー玉転がし

絵の具が付いたビー玉が転がる音を楽しみながら、絵の具に興味をもてるようにしましょう。

準備物

- 色画用紙（穂）
- 段ボール板
- カラーバラン（裏に両面テープを貼って1/2サイズに切る）
- 蓋付きの容器
- ビー玉

作り方

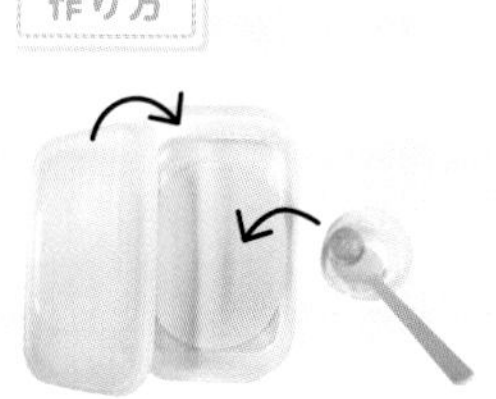

❶ 蓋付きの容器に色画用紙を敷き、絵の具を付けたビー玉を入れて蓋をする。容器を振って模様を付ける。

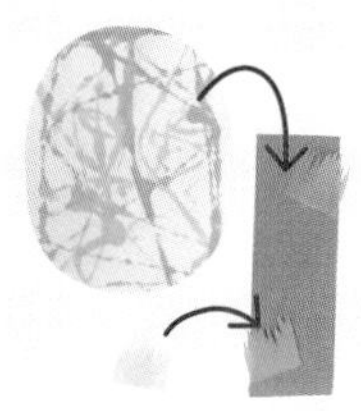

❷ 乾いた❶とカラーバランを段ボール板に貼る。

飾り方のポイント

ビー玉の転がし方や絵の具の色合いで、その子らしさが出てきます。高さを変えて飾ると、土手にかわいいツクシが生えているようになります。

★は、保育者の工程です。

貼る

絵の具に親しむ

型紙：P.169

POINT
綿棒や片段ボールでスタンピング

スタンプの形や色の違いに気付けるようなことばがけをしましょう。

菜の花

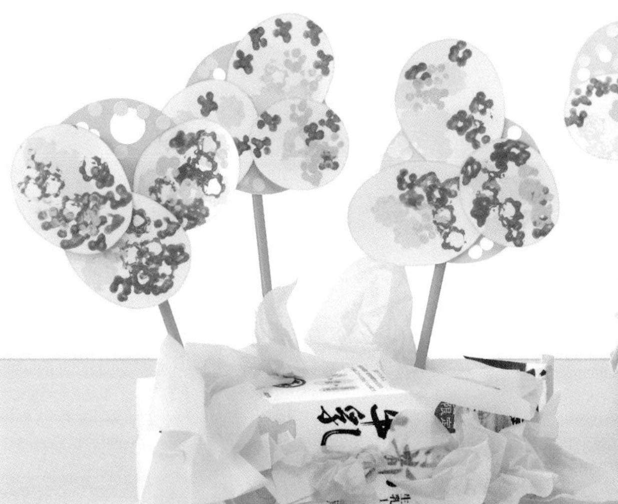

飾り方のポイント

両面テープを付けた紙パックに握ったフラワーペーパーと色紙を貼ります。上面に切り込みを入れてフラワーペーパーと一緒に作品を差すと、置き飾りのできあがり♪

準備物

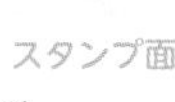

- 色画用紙（大：丸形、小：丸形・だ円形）
- スタンプ（片段ボールを丸める、綿棒5本をテープでまとめる）
- 丸シール（大・中）
- ストロー

作り方

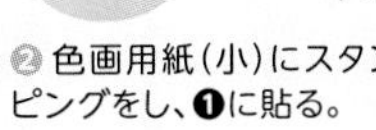

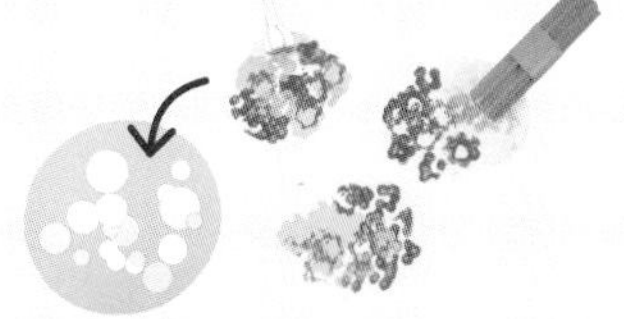

1. 色画用紙（大）に丸シールを貼る。
2. 色画用紙（小）にスタンピングをし、❶に貼る。
3. ❷にストローを貼る。★

絵の具に親しむ

POINT

絵の具に興味をもって不思議を楽しむ

画用紙を開くとどんな色や形になっているのか、不思議さを一緒に楽しみましょう。

チョウ

準備物

- 画用紙（半分に折り筋を付ける）
- モール（触覚）
- 絵の具（乳酸菌飲料のボトルに濃いめに溶いた絵の具を入れ、蓋に目打ちで穴をあける）

作り方

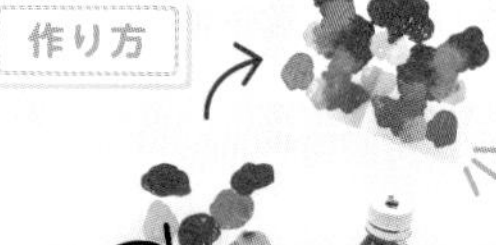

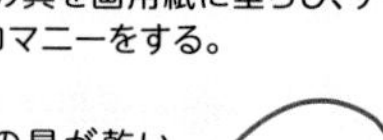

❶ 絵の具を画用紙に垂らし、デカルコマニーをする。

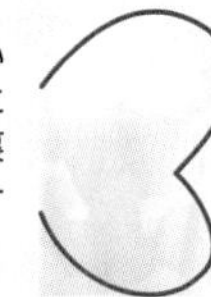

❷ 絵の具が乾いたらチョウの形に切り、モールを裏にセロハンテープで留める。★

POINT

絵の具の感触や形を楽しむ

絵の具の色や感触を味わいながら、型が付くことを楽しみましょう。

絵の具に親しむ

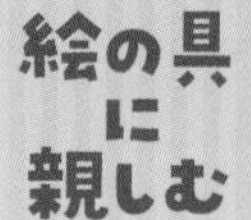

花

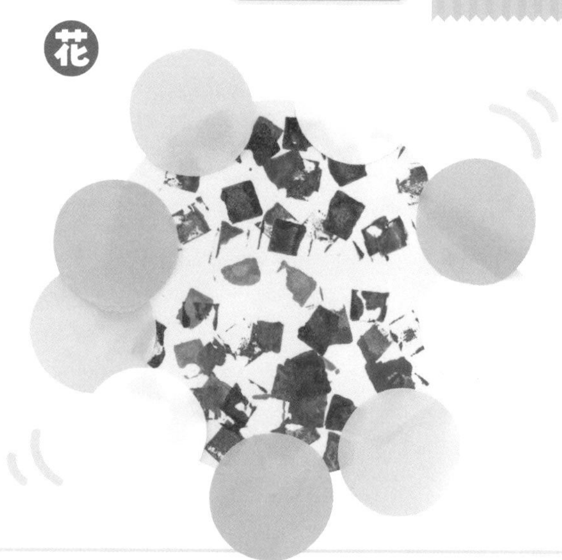

準備物

- 色画用紙（丸形）
- スタンプ（ペーパー芯の片端に切り込みを入れて開く）
- 色紙（丸形）

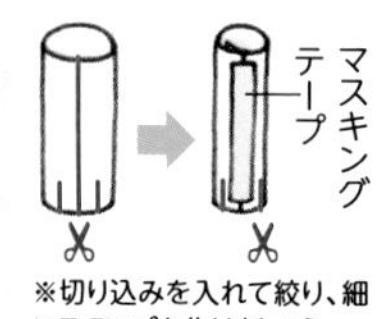

※切り込みを入れて絞り、細いスタンプも作りましょう。

作り方

色画用紙にスタンピングをし、色紙を貼って完成！

 ★は、保育者の工程です。

ちぎる

POINT

ちぎることを楽しむ

手指を使い、ちぎるときの音や感触を楽しみましょう。また、ちぎったときに形が変わっていくことに気付けるようにしましょう。

準備物

- 色紙(1/2・1/3に切り、切り込みを入れる)
- 色画用紙(カゴ)
- バラン(裏に両面テープを貼る)

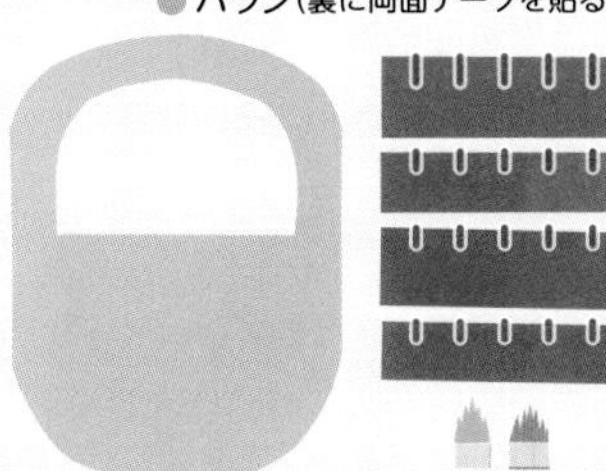

作り方

❶ 色紙をちぎる。

❷ 色画用紙に❶をのりで貼り、バランを貼る。

通す

絵の具に親しむ

POINT

モールを通す

モールは、ひもよりも硬くて通しやすい素材です。
モールで、「穴に通す」遊びを存分に楽しみましょう。

アオムシ

飾り方のポイント

色画用紙で作った葉を敷いたり、丸めたフラワーペーパーを果物に見立てて散らしたりすると、自然の中でアオムシがいるようで楽しくなります。

準備物

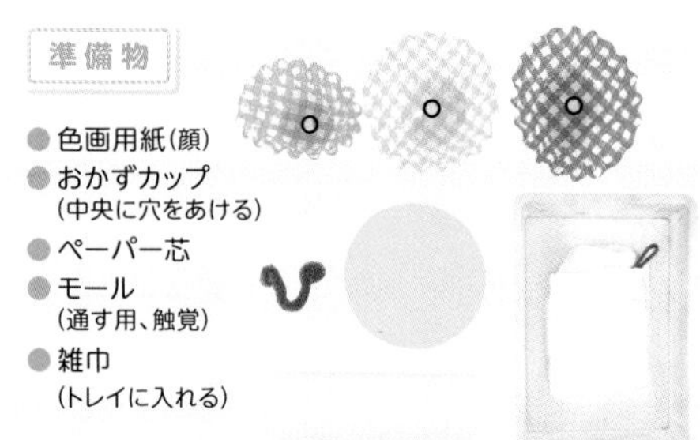

- 色画用紙(顔)
- おかずカップ(中央に穴をあける)
- ペーパー芯
- モール(通す用、触覚)
- 雑巾(トレイに入れる)

作り方

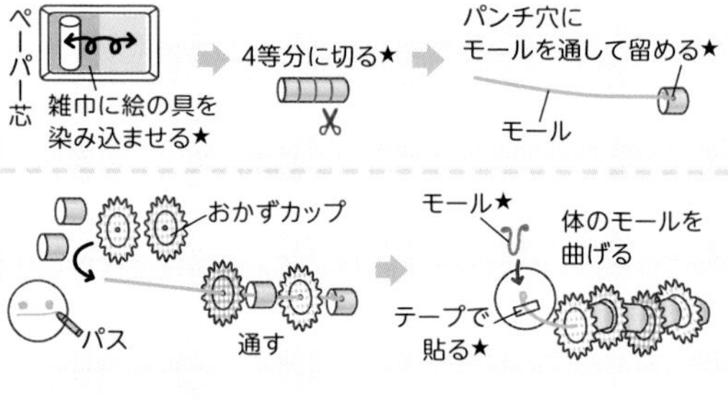

ペーパー芯

雑巾に絵の具を染み込ませる★

4等分に切る★

パンチ穴にモールを通して留める★

モール

おかずカップ

パス

通す

モール★

体のモールを曲げる

テープで貼る★

 ★は、保育者の工程です。

夏
の
製作

型紙：P.168

POINT

描き心地を楽しむ

ツルツルとしたクリアフォルダーの上になぐり描きをします。ペンがスルスルと動くことを楽しめるようにしましょう。

飾り方のポイント

紙テープをらせん状にして雨を表現。作品と一緒に貼って、梅雨を感じられるようにしましょう。

準備物

- カラークリアフォルダー（傘形）
- ストロー（持ち手、石突）

作り方

1. クリアフォルダーに油性ペンで描く。

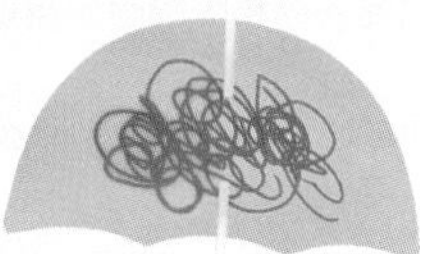

2. ❶の裏にセロハンテープでストローを貼る。★

★は、保育者の工程です。

貼る

型紙：P.168

POINT

色の違いを意識して

2色の土台の色画用紙が仕掛けとなり、シールの色や形の違いに気付くと、シール貼りがより楽しめます。その子なりの貼り方を大切にしましょう。

長靴

準備物

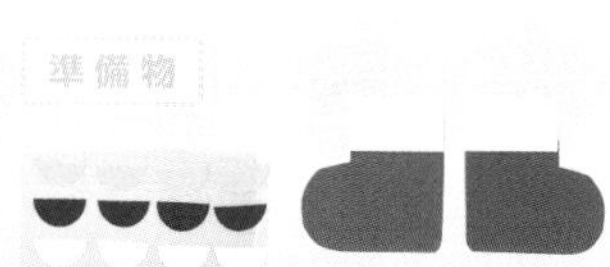

- 色画用紙（長靴形に長方形を貼る）
- 丸シール（特大、大）

作り方

色画用紙に丸シールを自由に貼る。

貼る

感触を楽しむ

POINT

いろいろな材料に触れながら

おかずカップや片段ボールの材料の違いを感じながら貼り、立体的な作品ができあがっていくことを楽しみましょう。

カタツムリ

準備物

- 帯状の色画用紙（体：端にマスキングテープを貼る、殻）
- ペーパー芯（1/2）
- フラワーペーパー（1/2）
- 丸シール（目・口）
- モール（触角）
- おかずカップ（裏の中央に両面テープを貼って切る）
- 片段ボール（裏に両面テープを貼る）

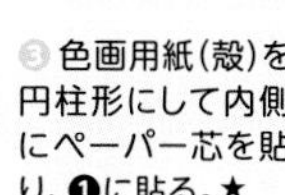

作り方

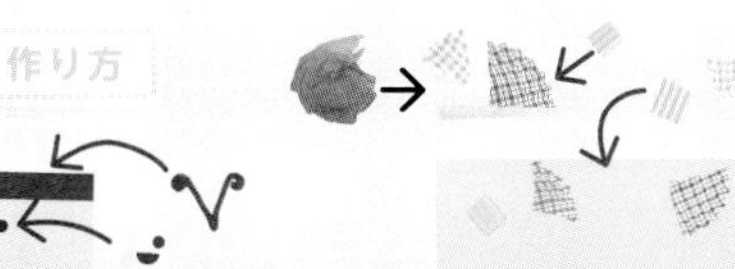

❶ 色画用紙（体）に丸シールで顔を作り、裏にモールを貼る。

❷ 色画用紙（殻）とペーパー芯におかずカップと片段ボールを貼る。ペーパー芯にフラワーペーパーを詰める。

❸ 色画用紙（殻）を円柱形にして内側にペーパー芯を貼り、❶に貼る。★

※❶を軽く曲げておきましょう。

LEVEL ★

型紙：P.169

アジサイ

POINT

柔らかい感触を楽しんで

フラワーペーパーや緩衝材の柔らかい感触を楽しみながら詰めます。フラワーペーパーの大きさの違いにも気付けるようにしましょう。

難易度CHANGE

油性ペンで描く

フラワーペーパーを詰める前に、油性ペンでポリ袋になぐり描きをします。形を整えるときは、描いた模様がしっかりと見えるようにしましょう。

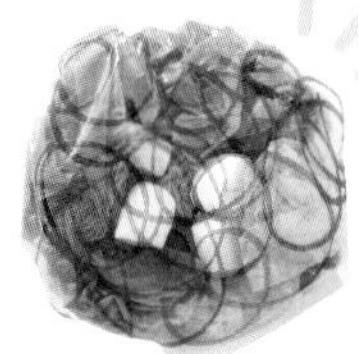

飾り方のポイント

子どもたちの作品を集めて飾ると、それぞれの個性がよく分かります。白色と水色の紙テープを重ねてらせん状に巻くと、きれいな雨になります。

準備物

- ポリ袋
- フラワーペーパー（1/2、1/4）
- 緩衝材

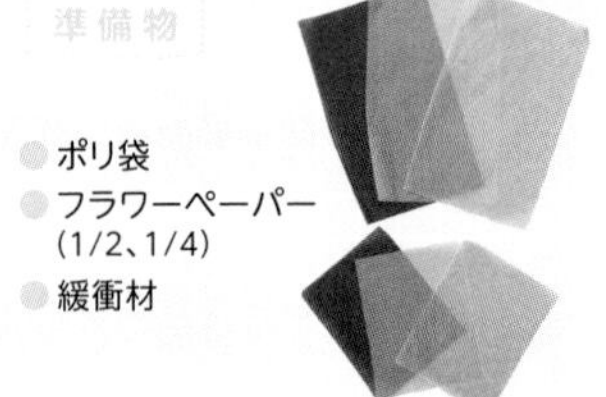

作り方

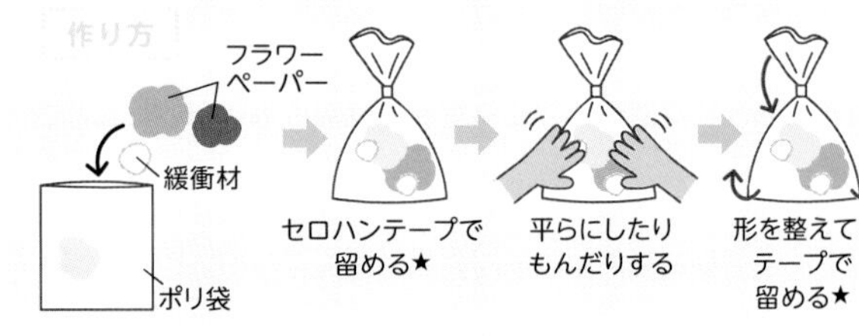

 ★は、保育者の工程です。

絵の具に親しむ

LEVEL ★★

POINT
手型を付ける

手型を付けるときは、まず絵の具を付けていない状態で手を画用紙に押し付けます。画用紙に色が付かないことを確かめてから、絵の具を付けて手型を押す遊びにつなげましょう。

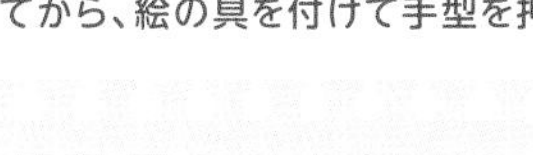

準備物

- 画用紙(顔、手型用、目)
- 色画用紙(目、じゃばら折り:両面テープを貼る)
- 透明コップ
- スズランテープ

作り方

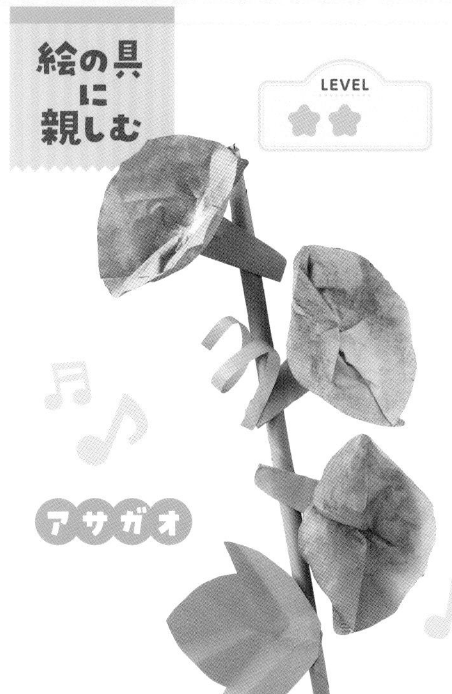

絵の具に親しむ

LEVEL ★★

POINT
色の変化を楽しむ

コーヒーフィルターに絵の具が染み込む様子や、違う色を重ねたときの変化を楽しみます。色の美しさを感じられるように関わりましょう。

準備物

- コーヒーフィルター
- 色画用紙(がく、葉、つる、茎:細く巻いて棒状にする)

作り方

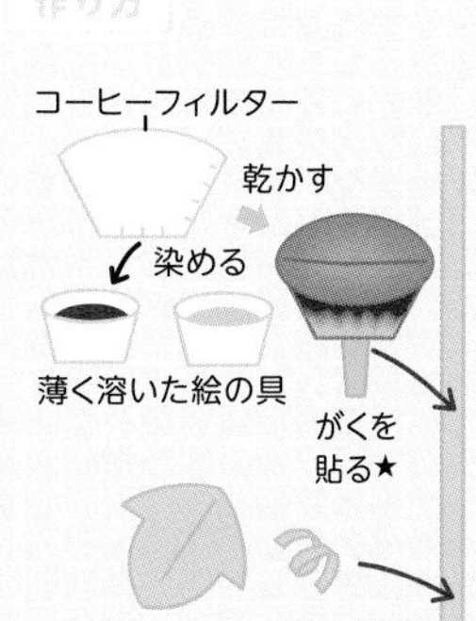

描く

絵の具に親しむ

型紙：P.169

LEVEL ★★★

POINT

パスと絵の具を組み合わせて

絵の具をはじいてパスが出てくるおもしろさに気付けるような言葉を掛けましょう。

織り姫・彦星

飾り方のポイント

長方形の色画用紙をつなげると、簡単に笹ができあがります！ 実際に、笹につって飾るのも、すてきですよ。

準備物

- 色画用紙（顔：丸形、冠・飾り：星形）
- 画用紙（帯状）
- カラー紙コップ
- 丸シール
- リボン
- リリアン糸
- ペーパー芯（縦1/2の両端に切り込みを入れる）

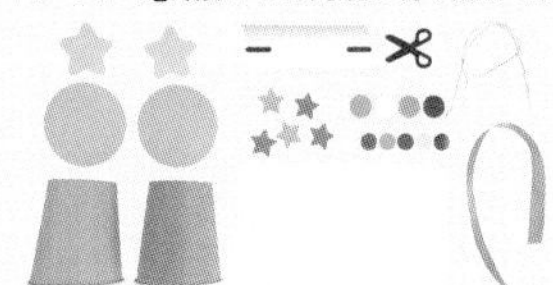

作り方

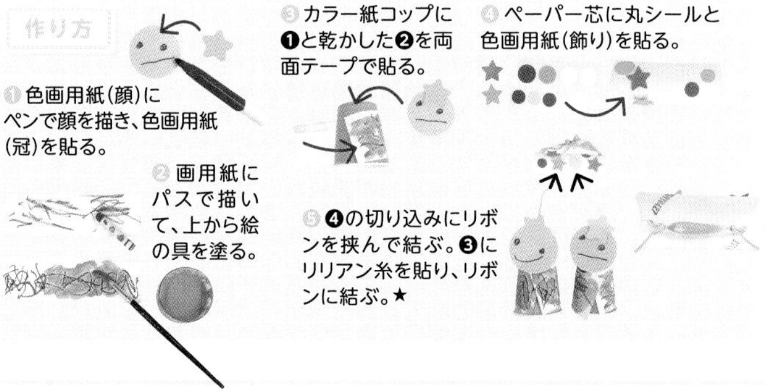

1. 色画用紙（顔）にペンで顔を描き、色画用紙（冠）を貼る。
2. 画用紙にパスで描いて、上から絵の具を塗る。

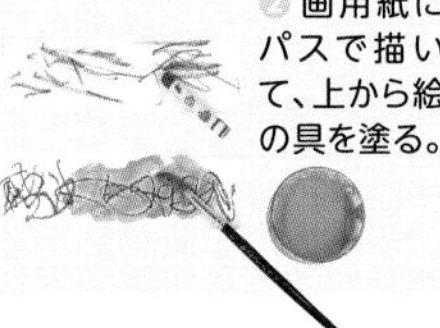

3. カラー紙コップに❶と乾かした❷を両面テープで貼る。

4. ペーパー芯に丸シールと色画用紙（飾り）を貼る。

5. ❹の切り込みにリボンを挟んで結ぶ。❸にリリアン糸を貼り、リボンに結ぶ。★

 ★は、保育者の工程です。

POINT

細長い色画用紙に描く

色画用紙の形を一緒に確かめてから、描く活動を始めましょう。

型紙：P.169

準備物

- 色画用紙（星形、帯状）
- 紙パック（一面を1/2に切って、ビニールテープを貼る）
- 丸シール（飾り用：大、目、口）
- キラキラモール（1/2）
- こより

作り方

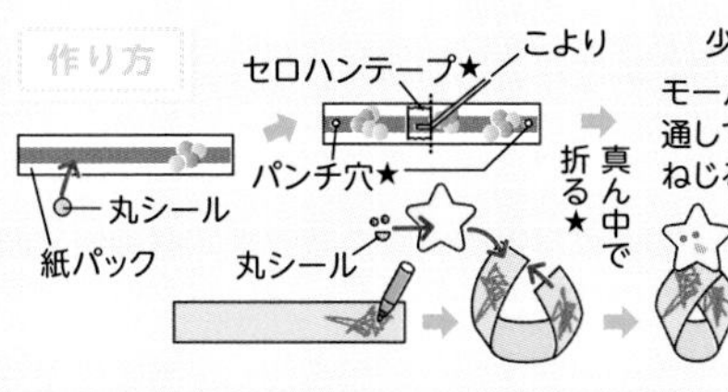

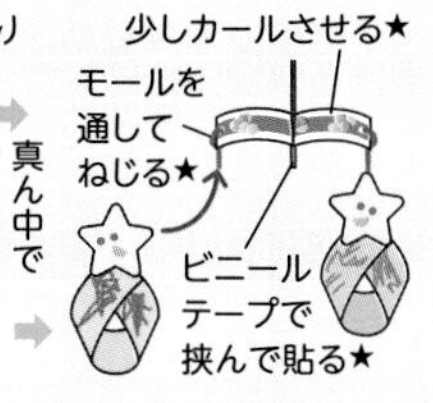

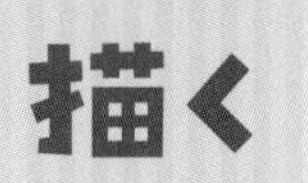

LEVEL

POINT

小さな紙に繰り返し描く

小さな紙に描く活動が楽しい製作です。満足するまで何枚も描けるようにしましょう。

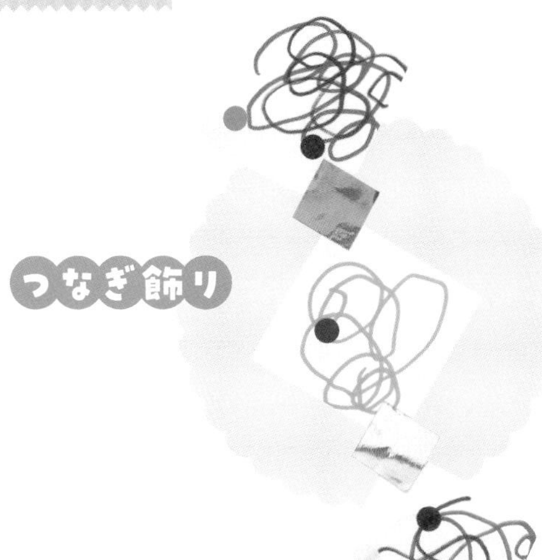

準備物

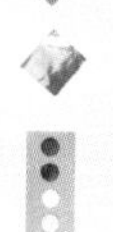

- 画用紙
- 色紙（金・銀）
- 丸シール（中）

作り方

❶ 画用紙にペンで描き、丸シールを貼る。

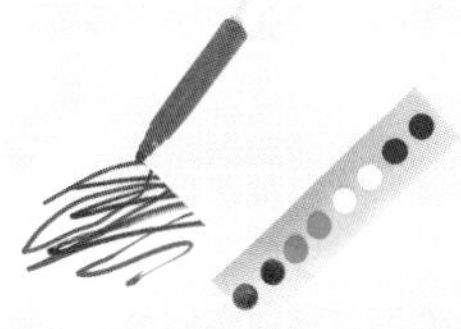

❷ ❶を色紙でつなぐようにのりで貼る。

型紙：P.170

星飾り

POINT
のりで貼る

色紙の端にのりをちょんと少し付けて貼ることを伝えましょう。

準備物

- 色画用紙(星形)
- 丸シール(中、小)
- (柄)色紙(切り込みを入れて、上部にのりを付けて折る)
- 写真(おかずカップに貼る)

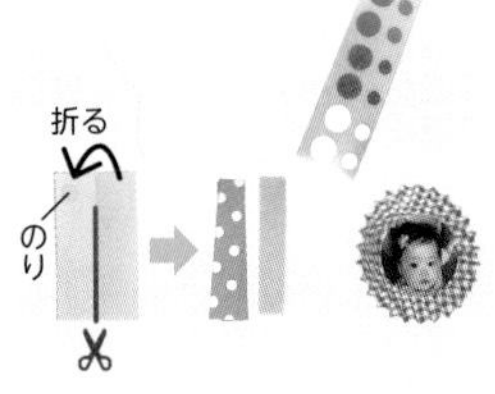

作り方

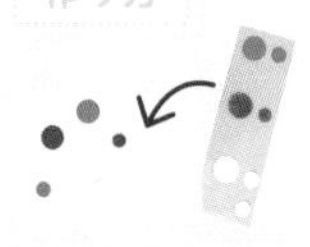

❶色画用紙に丸シールを貼る。

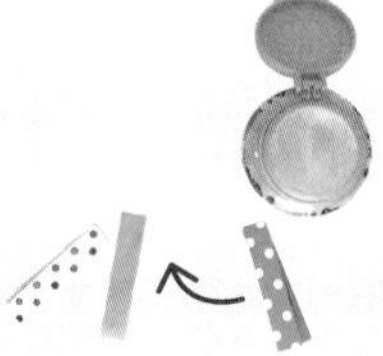

❷❶の裏に(柄)色紙を貼る。

❸写真を両面テープで貼る。★

飾り方のポイント

カラーポリ袋で作った天の川に指で巻いたモールを使って飾りましょう。涼しげで楽しい飾りになります。

天の川

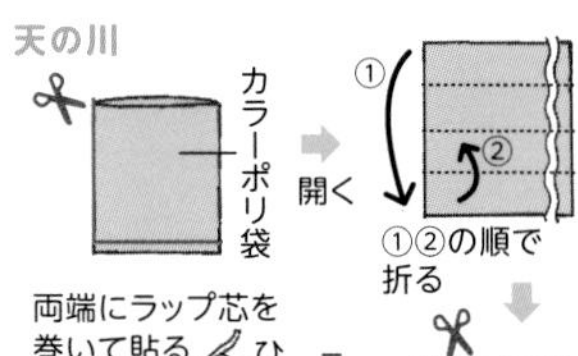

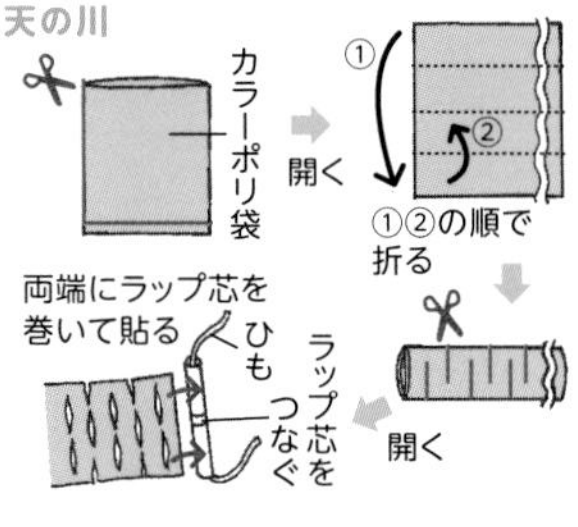

 ★は、保育者の工程です。

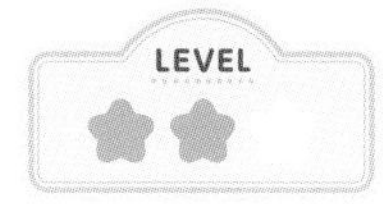

貼る

LEVEL ★★

POINT

シールの色や大きさの違い

異なる色やサイズの丸シールを貼ります。色や大きさの違いに気付けるように関わりましょう。

織り姫・彦星

準備物

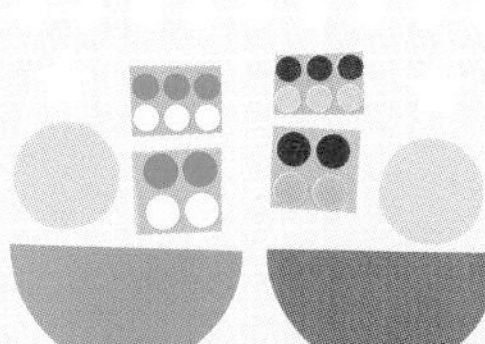

- 色画用紙（顔、体、冠：クラフトパンチで抜く）※裏に両面テープを貼っておく。
- 丸シール（大、中）

作り方

❶ 色画用紙（体）に丸シールを貼る。

❷ 色画用紙（顔）に顔を描き、色画用紙（冠）と❶を貼る。

❸ 織り姫と彦星の体の端同士を貼り合わせる。★

貼る

LEVEL ★

POINT

繰り返し貼ることを楽しむ

小さな紙に貼ることを繰り返します。子どもが満足するまで何枚も楽しめるようにしましょう。

つなぎ飾り

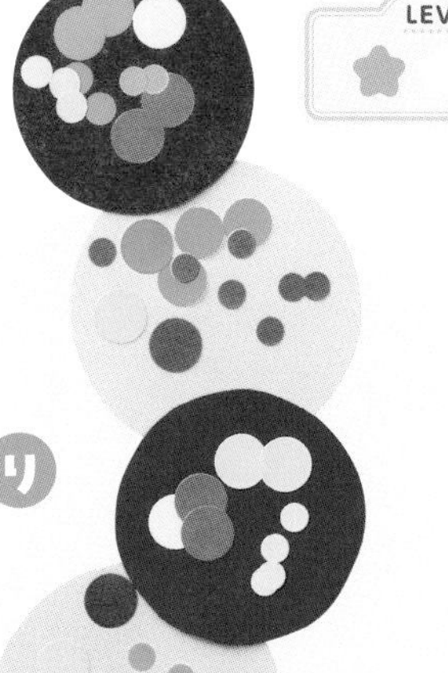

準備物

- 色画用紙（丸形）
- 丸シール（大、中、小）

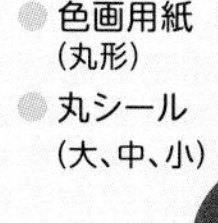

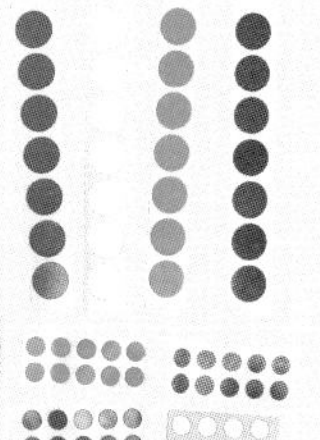

作り方

色画用紙に丸シールを貼ってつなげる。
※子どもの発達に応じた大きさのシールを使いましょう。

感触を楽しむ

型紙：P.170

POINT
フラワーペーパーに触れる

フラワーペーパーをくしゅくしゅと握ったり丸めたりし、柔らかさをゆったりと感じながら詰めましょう。

織り姫・彦星

準備物

- フラワーペーパー（そのまま、1/2）
- プラカップ
- 色画用紙で作った顔（裏面下部に両面テープを貼る）

作り方

1. プラカップにフラワーペーパーを詰める。

2. ❶の口にセロハンテープを十字に留める。★
3. 顔を貼る。

POINT
材料の色や感触の違いを味わう

フラワーペーパーやスズランテープなどの材料による色や感触の違いに気付けるようにしましょう。

貼る　感触を楽しむ

準備物

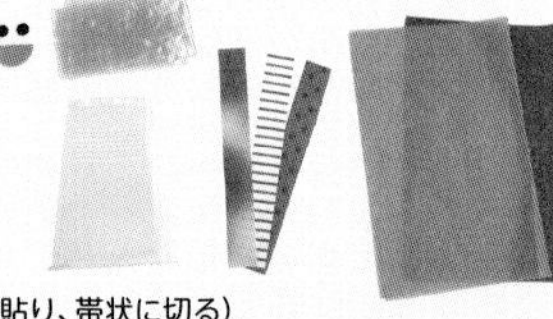

- 透明コップ
- フラワーペーパー（1/2）
- スズランテープ
- 丸シール（目、口）
- （柄）色紙（片端に両面テープを貼り、帯状に切る）

作り方

1. 透明コップに、フラワーペーパーとスズランテープを詰める。
2. ❶の口にセロハンテープを十字に留める。
3. ❷に丸シール、（柄）色紙を貼る。

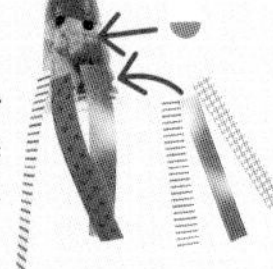

※最後に保育者が（柄）色紙の端を巻くと、タコの足のようになります。

タコ飾り

★は、保育者の工程です。

POINT

フラワーペーパーとスズランテープの材料の特性を感じる

紙コップにフラワーペーパーを詰め込むことで量を感じたり、スズランテープが風になびく様子を一緒に確かめたりしながら活動しましょう。

吹き流し

難易度CHANGE

紙テープを貼る

スズランテープの代わりに、少しずつ重ねて両面テープで留めた紙テープを貼ると、低年齢でも作れます。フラワーペーパーを握ったり丸めたり詰め込んだり、感触を存分に楽しみましょう。

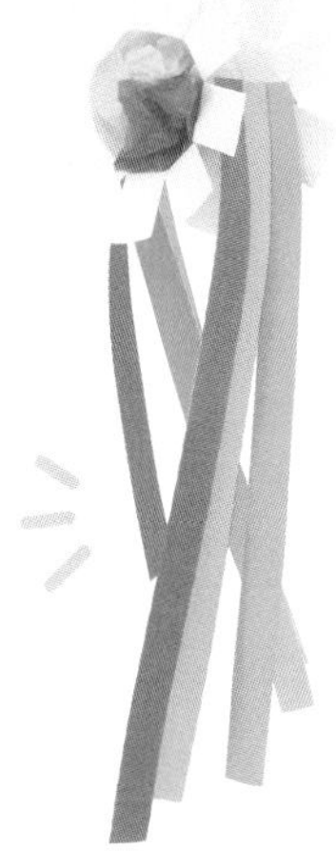

準備物

- 紙コップ2個
- フラワーペーパー(1/4)
- スズランテープ(30cm程度に切り、片端に両面テープを貼る)
- 丸シール

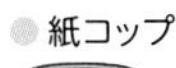

- 紙コップ

切り込みを入れて開く

作り方

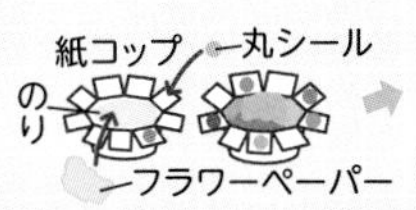

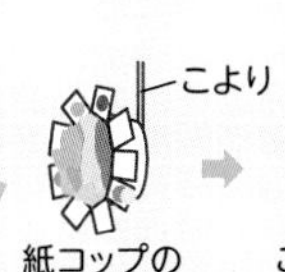

紙コップの底に貼る★

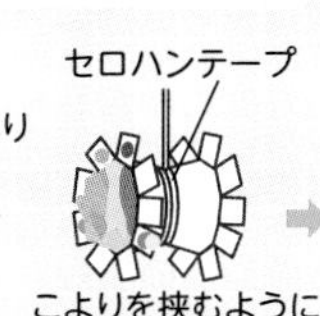

こよりを挟むように貼り合わせる★

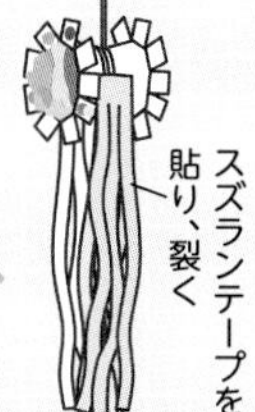

絵の具に親しむ

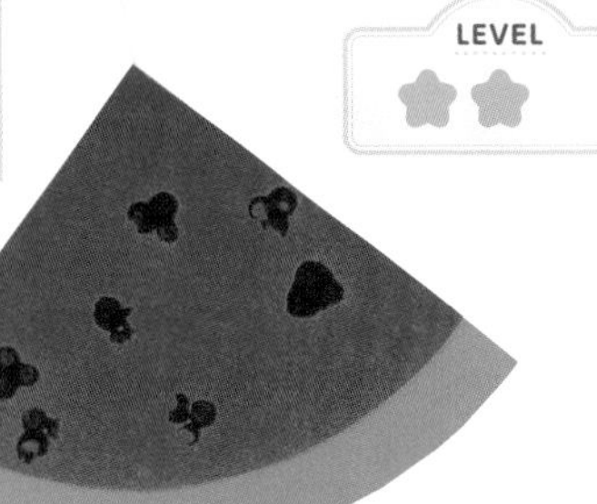

短冊

LEVEL ★★

POINT

綿棒でスタンピング

綿棒でかわいい模様ができます。子どもが思い思いにスタンピングを楽しめるようにしましょう。

準備物

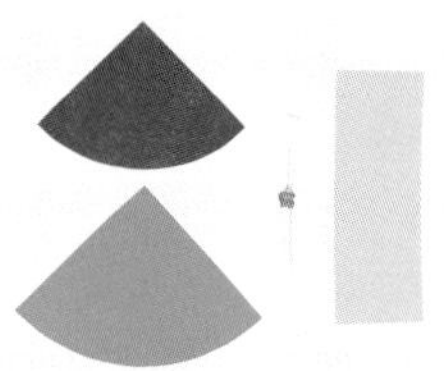

- 色画用紙（スイカ形：赤・緑、短冊）
- 綿棒（3本を輪ゴムで束ねる）

作り方

❶ 色画用紙（赤）に綿棒でスタンピングをする。

❷ ❶を色画用紙（緑）に貼り、願いを書いた色画用紙（短冊）を裏から貼る。★

POINT

粘着クリーナーを使って

LEVEL ★

粘着クリーナーをローラーのように使います。絵の具を付けて画用紙に転がすと、次々に星形の模様が見えてくることを楽しみましょう。

絵の具に親しむ

準備物

作り方

- 画用紙（短冊）
- 粘着クリーナー（星形の色画用紙を貼る）
- 写真（おかずカップに貼る）

粘着クリーナーに濃いめに溶いた絵の具を付け、画用紙の上で転がす。保育者が写真を貼ってできあがり。

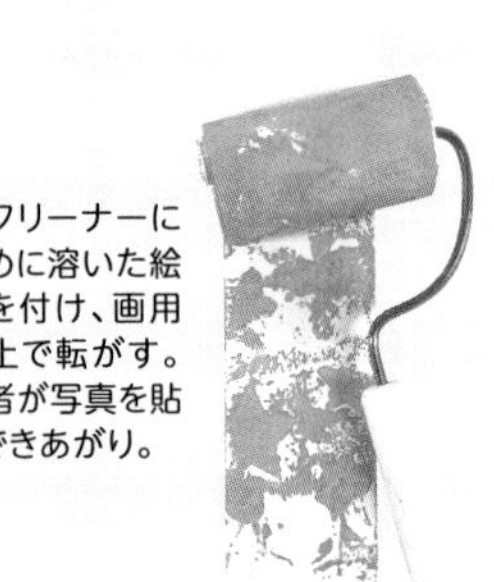

短冊

POINT
いろいろな方向へのひも通し

紙皿、色画用紙、ストローと、色や形の異なる素材で、いろいろな方向へのひも通しを楽しみましょう。

星飾り

準備物

- リボン(片端はストローを結び、もう片端はセロハンテープで細くする)
- 紙皿(丸シールを貼って穴をあけ、中央に星形の色紙を貼る)
- ストロー(短く切る)
- 色画用紙(星形・ピンキングばさみで切った丸形:穴をあける)

※リボンは30cm程度の物を2〜3本用意すると、ひも通しを繰り返し楽しめます。

作り方

1. リボンを紙皿に通す。
2. 途中からストローや色画用紙も渡し、好きな素材を通す。

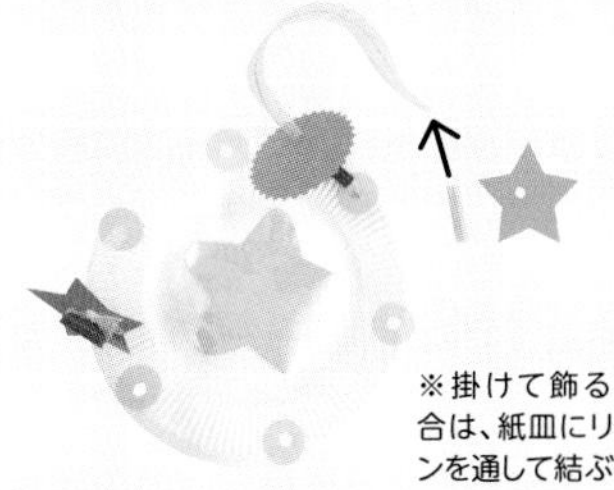

※掛けて飾る場合は、紙皿にリボンを通して結ぶ。

POINT
穴を見つける

色画用紙やストローの穴を見つけ、シューっと通す行為を繰り返し楽しみましょう。

準備物

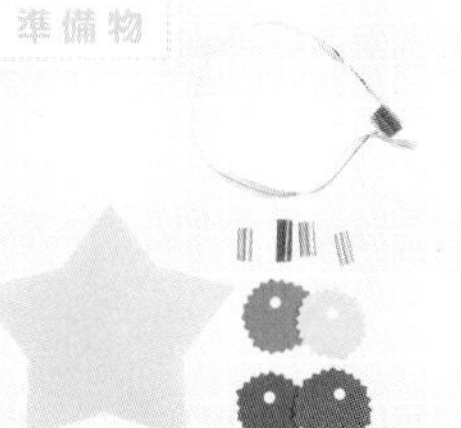

- リボン(片端はストローを結び、もう片端はセロハンテープで細くする)
- 色画用紙(飾り:ピンキングばさみで丸形に切り穴をあける、星)
- ストロー(短く切る)

作り方

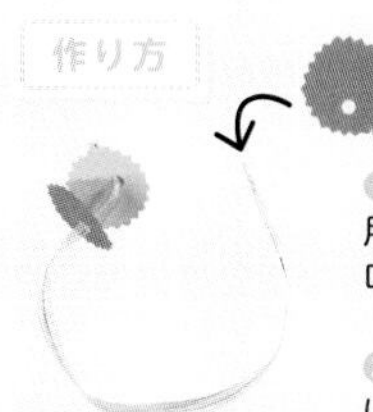

1. リボンに色画用紙(飾り)とストローを通す。
2. 色画用紙(星)に顔を描く。

3. ❷に❶を貼る。★

描く

型紙：P.170

POINT

色画用紙の組み合わせをきっかけに

色画用紙の色と形の組み合わせをきっかけに、描くことを楽しみましょう。色にも興味をもてるよう、パスは見えやすい色を数色使いましょう。

ぼうしやさん

飾り方のポイント

作品をスタンドに斜めに掛けたり動物にかぶらせたりすると、動きが出ます。作品の裏に階段折りにした太めの画用紙を貼ることで、壁面飾りに立体感が出ますよ。

準備物

● 色画用紙
（薄い2色を使って帽子の形を作る）

作り方

色画用紙に、2～3色のパスを使って描く。

難易度 CHANGE

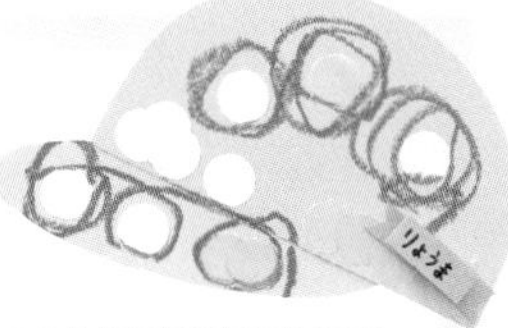

丸シールも仕掛けに

丸シールを貼ってからパスで描きます。シールの間を通ったり周りを囲ったりするなど、パスの描き方にも個性のある帽子ができますよ。

POINT
ペンがにじむ様子を楽しむ

水性ペンで描いた後に霧吹きで水を掛け、じわじわとにじんでいく様子を楽しみましょう。にじむことで、柔らかい雰囲気になります。

準備物

- 障子紙
- 丸シール(目、口)
- リボン

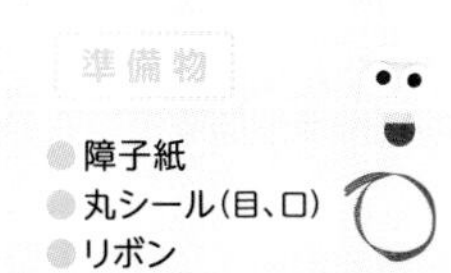

作り方

① 障子紙に水性ペンでなぐり描きをする。

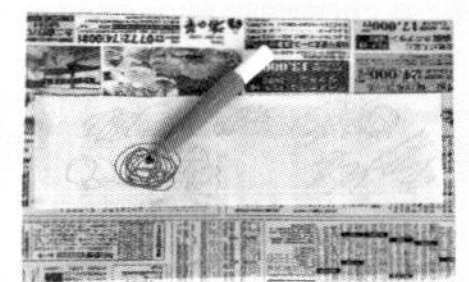

② ❶に霧吹きで水を掛けてにじませる。乾いたらふんわりと半分に折ってリボンを結ぶ。★

③ 丸シールを貼る。

キンギョ

描く　貼る

POINT
パスが絵の具をはじくおもしろさに気付く

絵の具を塗ると、パスの線が浮かび出ることのおもしろさを、一緒に味わいましょう。

うちわ

準備物

- 厚紙(だ円形)
- ペーパー芯
- 色画用紙
- 丸シール(中)

作り方

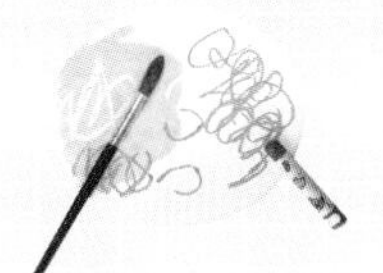

① 厚紙にパスでなぐり描きをし、上から絵の具を塗る。

② 色画用紙に丸シールを貼る。

③ ペーパー芯に❷を巻いて貼る。2箇所に切り込みを入れ、乾いた❶を差し込んで木工用接着剤で固定する。★

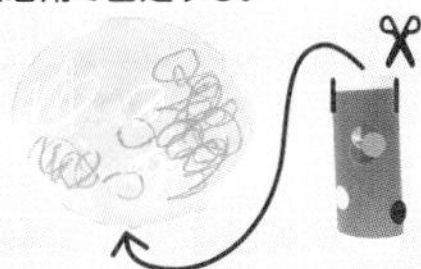

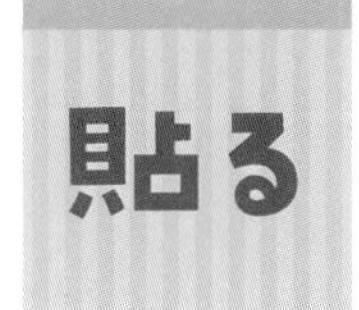

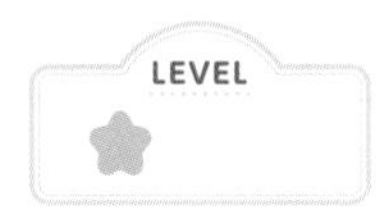

貼る

LEVEL ★

型紙：P.170

花火

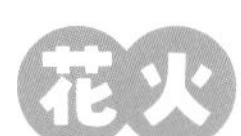

POINT

鮮やかな色を ペタペタ貼って

暗い色の色画用紙にカラフルな丸シールやキラキラ色紙を貼り、華やかな花火ができあがっていく過程を楽しみましょう。

準備物

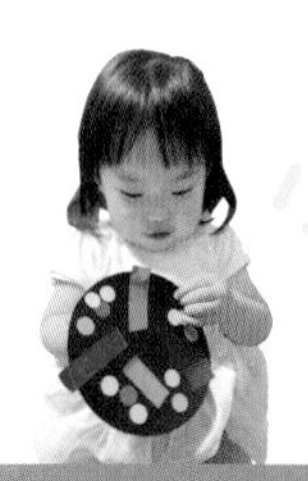

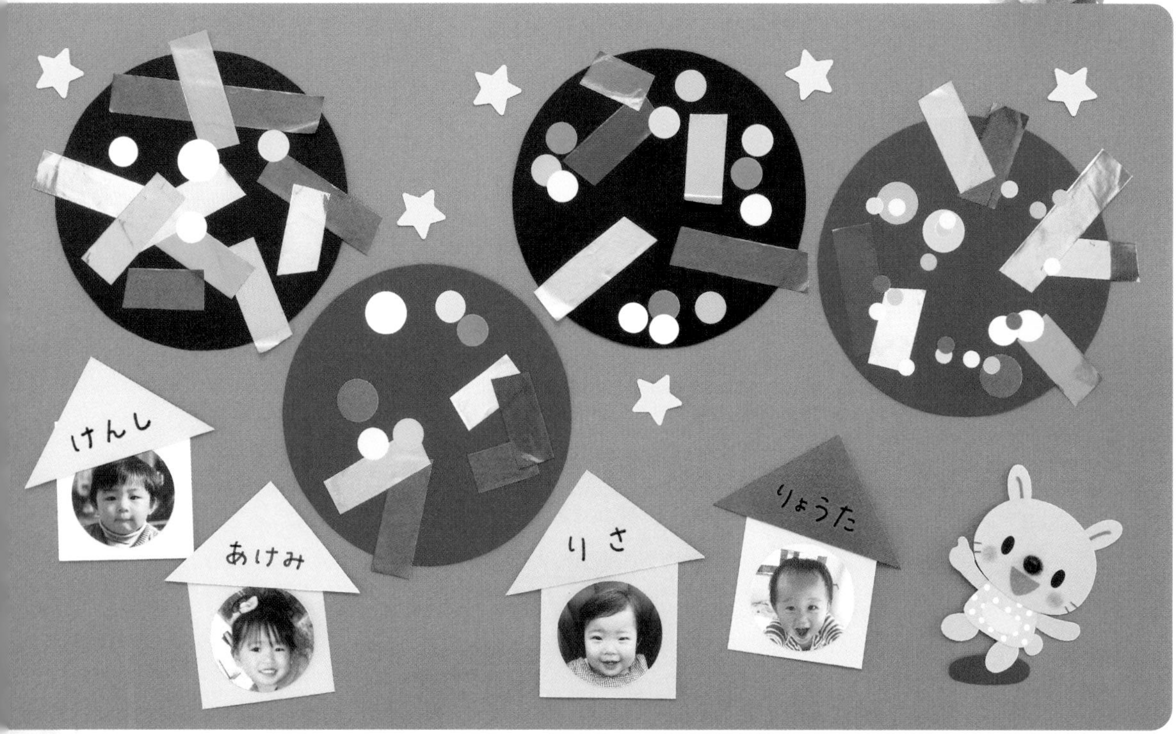

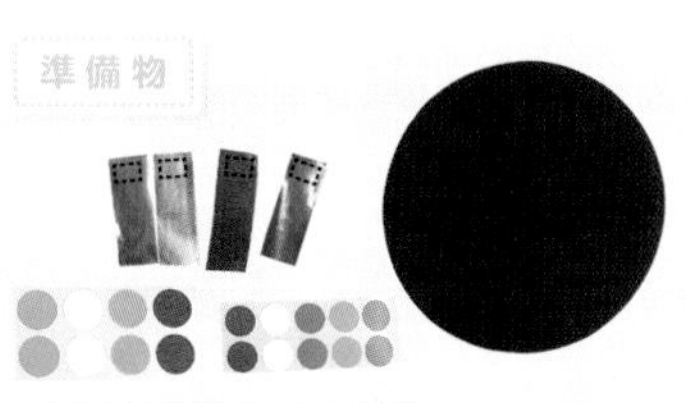

- 色画用紙（丸形：黒・紺など）
- 丸シール（大、中）
- キラキラ色紙（裏に両面テープを貼って切る）

作り方

色画用紙に丸シールとキラキラ色紙を貼る。

飾り方のポイント

写真を貼った四角形の色画用紙に子どもが三角形の色画用紙を貼って家も作ってみましょう。子どもたちが花火を見ているようですね。

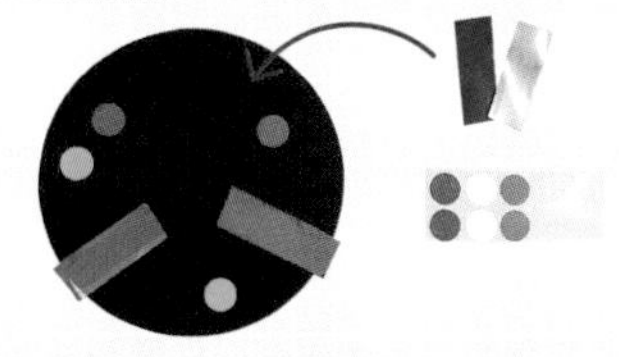

感触を楽しむ

貼る

LEVEL ★

サカナ

POINT

両面テープがくっ付くことに気付く

両面テープの部分にペタペタとくっ付くことに気付き、おかずカップを貼ることを楽しみましょう。

難易度CHANGE

LEVEL ★★

好きな場所に貼る

両面テープを封筒ではなく、おかずカップや柄色紙の裏に付けておきます。自分の貼りたい場所に貼りましょう。

準備物

- 封筒（表面に両面テープを貼る）
- おかずカップ（1/4、1/6）
- トイレットペーパー
- 画用紙（目）
- マスキングテープ

作り方

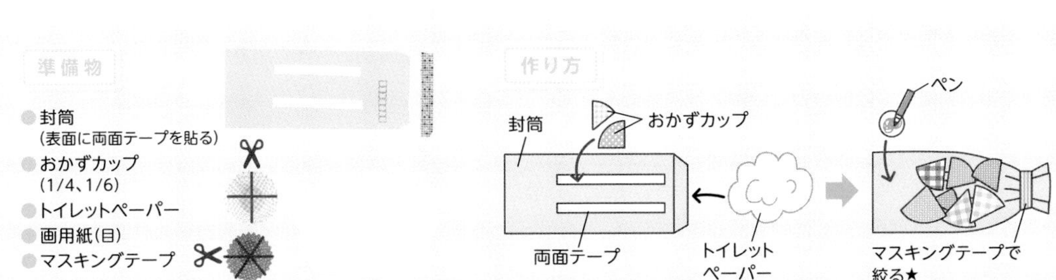

貼る

LEVEL ★★

POINT

立体物に貼る

手元をよく見て、シールをめくり、ペタンと貼る行為を楽しみましょう。

\\ 難易度CHANGE //

LEVEL ★★★

シールの大きさを変える

大きさの違う丸シールをプラカップに貼り、なぐり描きをした色画用紙に写真を貼ります。

準備物

- プラカップ
- 丸シール(大)
- ストロー
- リボン
- 鈴
- 写真(色画用紙に貼る)

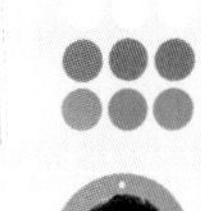

作り方

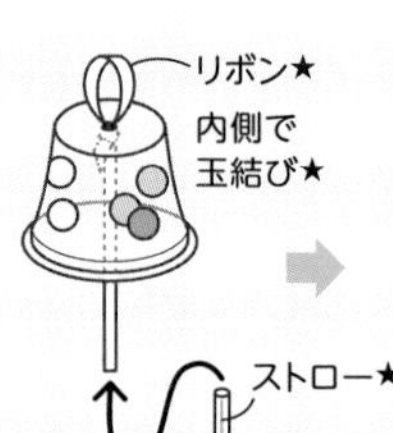

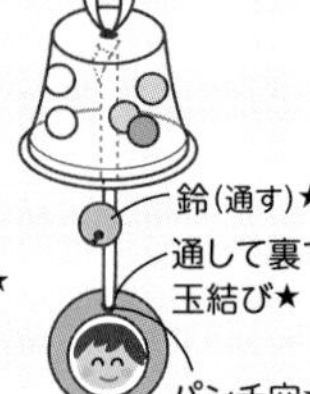

★は、保育者の工程です。

LEVEL ★★★

POINT
両面テープの使い方を知る

花びらの色紙に貼られた両面テープの剥離紙を一つずつ剥がして紙皿に貼ります。丁寧に剥がしたり貼ったりすることを意識しましょう。

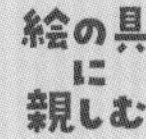

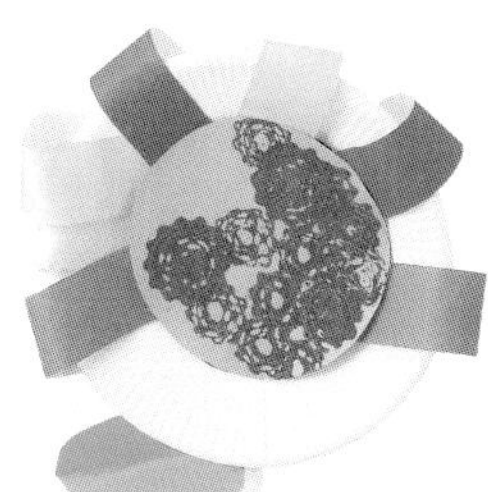

ヒマワリ

飾り方のポイント

子どもがマスキングテープで飾り付けをした小さな紙コップに、重い粘土を入れ、作品を差して置き飾りに! 柄付きのペーパーナプキンを敷くとおしゃれになりますよ。

準備物

- 色画用紙(丸形・葉形:裏に両面テープを貼る)
- スタンプ(片段ボールを巻く)
- (柄)色紙(両端に両面テープを貼り、帯状に切る)
- ストロー
- 紙皿

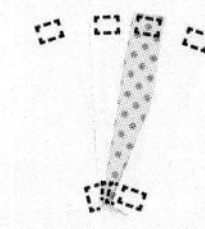
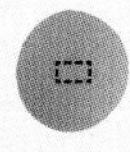

作り方

❶ 色画用紙(丸形)にスタンピングをする。

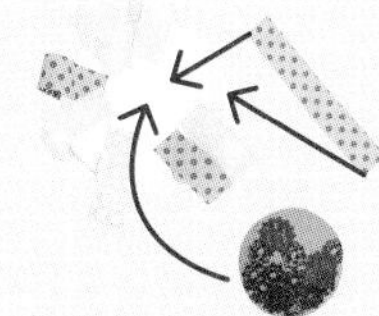

❷ 紙皿の周りに(柄)色紙を挟むように貼り、紙皿の中心に❶を貼る。

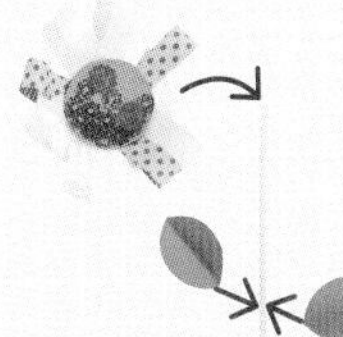

❸ ストローに❷を保育者が貼り、半分に折った色画用紙(葉形)を貼る。

感触を楽しむ

貼る

POINT

材料の感触を味わう

プチプチシートやフラワーペーパー、スズランテープの柔らかさを手や目、耳で感じることで、材料の違いに気付けるようにしましょう。

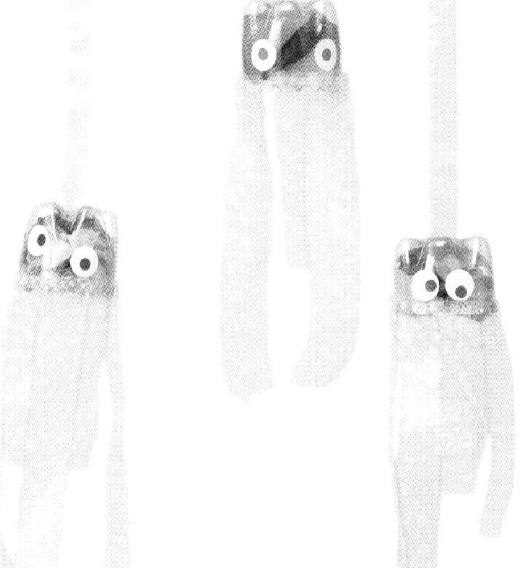

クラゲ

難易度CHANGE

セロハンやオーロラ紙を使って

ペットボトルにセロハンやオーロラ紙を貼ります。中に入れるフラワーペーパーやスズランテープを白色にすると、セロハンやオーロラ紙の色がよく映えます。足にはスズランテープを使うのもきれい！

飾り方のポイント

スズランテープに貼ってつり飾りに。ゆらゆらと揺れ、子どもがじっと見つめたり手で触れたりして楽しむことができます。

準備物

- ペットボトル（底：切り口をマスキングテープで保護する）
- フラワーペーパー（1/4）
- スズランテープ
- プチプチシート（片端に両面テープを貼り、帯状に切る）
- 丸シール（目）

作り方

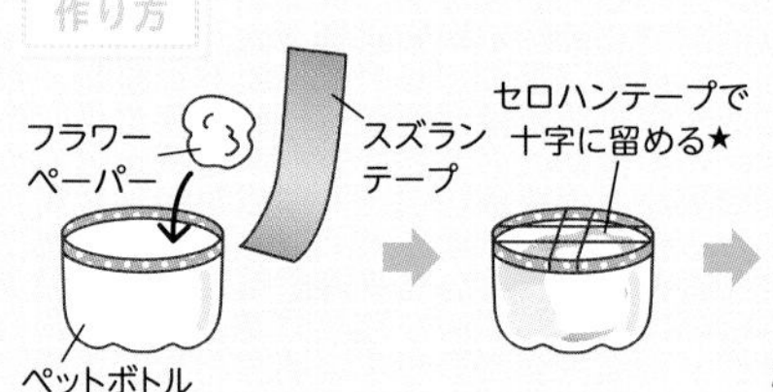

★は、保育者の工程です。

描く 感触を楽しむ

LEVEL ★

POINT
色や感触を味わいながら入れる

スズランテープや緩衝材の色や感触を楽しみながら、コップに入れることを楽しみましょう。

準備物

- 透明コップ
- 画用紙(帯状に切り、両端に両面テープを貼る)
- スズランテープ
- 緩衝材
- ストロー

作り方

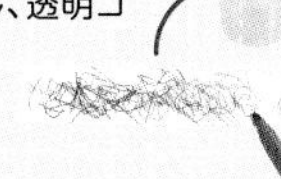

1. 画用紙にペンでなぐり描きをし、透明コップに貼る。

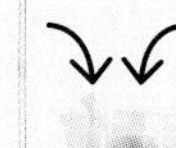

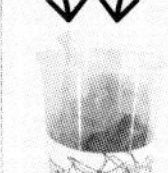

2. 透明コップにスズランテープと緩衝材を入れてストローを差す。

感触を楽しむ

LEVEL ★★★

POINT
ぬらした紙を組み合わせる

ぬらしたトイレットペーパーをフラワーペーパーで包むと、簡単に丸まります。繰り返し遊べるように材料を十分に用意しましょう。

準備物

- ペットボトル(底:切り口をマスキングテープで保護する)
- トイレットペーパー
- フラワーペーパー
- アルミホイル

作り方

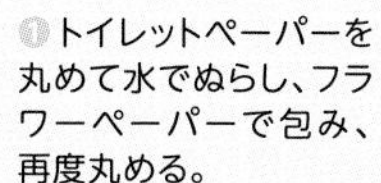

1. トイレットペーパーを丸めて水でぬらし、フラワーペーパーで包み、再度丸める。

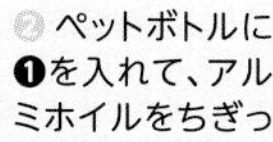

2. ペットボトルに❶を入れて、アルミホイルをちぎってのせる。

アイスクリーム

感触を楽しむ　貼る

LEVEL ★

トマト

POINT
感触の違いを楽しんで

フラワーペーパーとセロハンの素材の違いに気付きながら、詰める活動を楽しみましょう。

準備物

- ペットボトル（底：切り口をマスキングテープで保護する）
- フラワーペーパー（1/2）
- セロハン
- マスキングテープ（ヘタ）
- 色画用紙（手：階段折りにし、片端に両面テープを貼る、ヘタ：中央に切り込みを入れる）
- 目玉シール
- 丸シール（口）

作り方

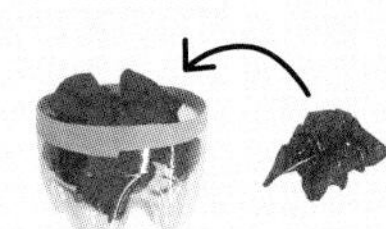

① ペットボトルにフラワーペーパーとセロハンを詰める。

② ❶の口にセロハンテープを十字に留める。底面にマスキングテープをヘタのように貼る。★

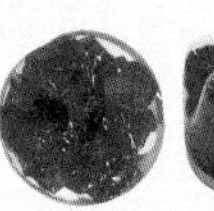

③ ❷に目玉シール、丸シール、色画用紙（手）を貼り、色画用紙（ヘタ）の切り込みにマスキングテープを通す。

描く　感触を楽しむ

LEVEL ★★

POINT
フラワーペーパーの感触を楽しみながら貼る

フラワーペーパーを握ったり丸めたりすることを繰り返し楽しみ、のりにちょんと付けて貼りましょう。

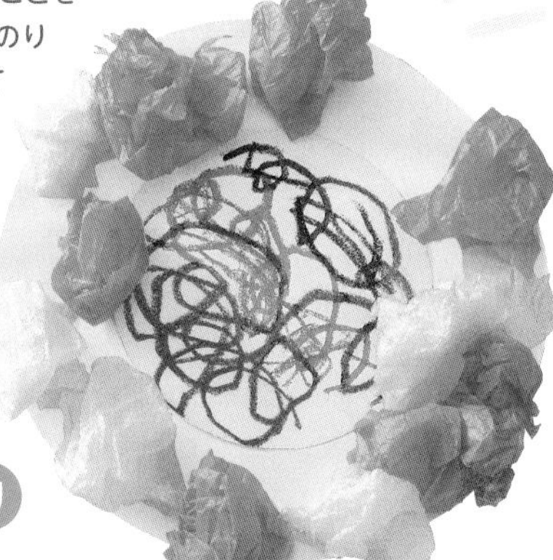

ヒマワリ

準備物

- 色画用紙（丸形：大・小）
- フラワーペーパー（1/4）

作り方

① 色画用紙（小）にパスでなぐり描きをして、色画用紙（大）に貼る。

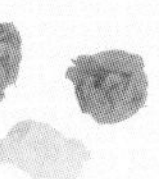

② フラワーペーパーを握ったり丸めたりする。

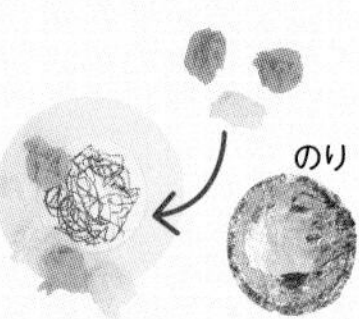

③ ❷にのりを付け、❶の周りに貼る。

★は、保育者の工程です。

貼る

感触を楽しむ

うきわ

LEVEL ★★★

難易度CHANGE

LEVEL ★

シールを貼る

セロハンとプチプチシートを巻いて輪にしておき、子どもはシールを貼ります。プチプチシートの感触を存分に味わいながらシール貼りを楽しみましょう。

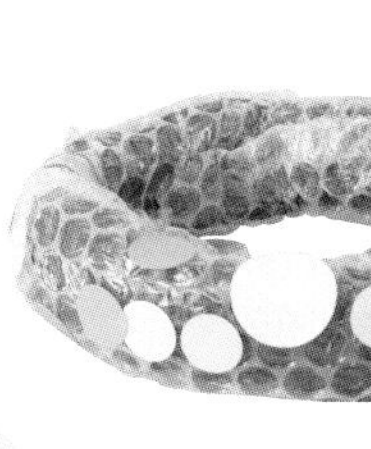

POINT

プチプチシートを巻く

プチプチシートの感触を楽しみながら巻きます。中から透けるセロハンの色に気付けるようにしましょう。

準備物

- プチプチシート（片端に両面テープを貼る）
- セロハン
- マスキングテープ

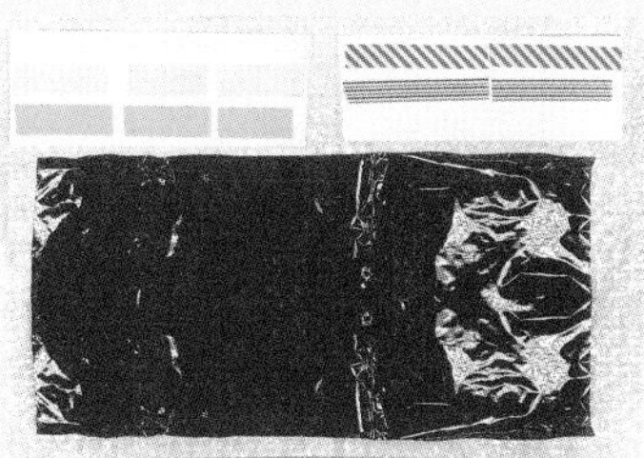

作り方

1. プチプチシートの上にセロハンをのせ、棒状に巻く。
2. マスキングテープで貼り留める。

3. 輪にしてテープで留める。★

絵の具に親しむ

LEVEL ★

型紙:P.171

洗濯物

POINT

太い持ち手のスタンプで

太い持ち手のスタンプを使い、絵の具の色やスタンプの模様が画用紙に写ることに気付けるようにしましょう。

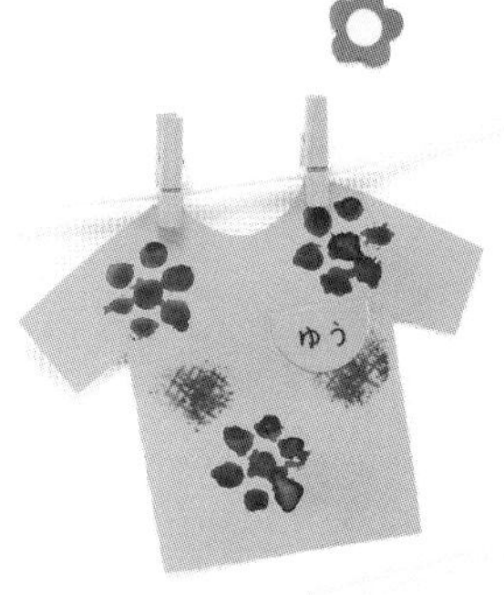

飾り方のポイント

木製の洗濯ばさみでひもに飾ると、おしゃれな雰囲気になります。本当に洗濯物を干しているようですね。

準備物

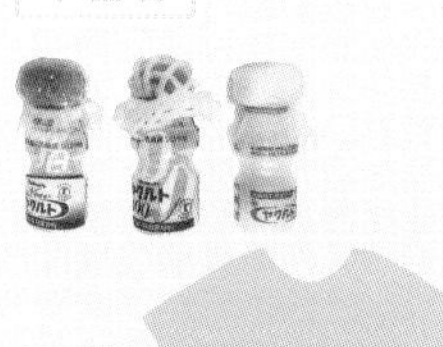

- 色画用紙（服）
- スタンプ（スポンジに水切りネット・果物ネット・プチプチシートをかぶせ、乳酸菌飲料の空き容器の上にのせて輪ゴムで留める）

作り方

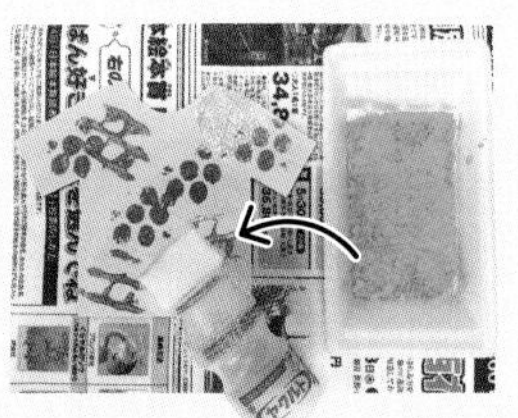

色画用紙にスタンピングをする。

難易度CHANGE

LEVEL ★★

スチレン板のスタンプ

スタンプを変える

クラフトテープでつまみを作り、スチレン板の裏に貼ります。指でつまんでスタンピングしましょう。

POINT
作る過程を楽しむ

本物のトウモロコシを見たり、絵本で畑の様子を伝えたりするなど、過程を楽しみながら作りましょう。

絵の具に親しむ

トウモロコシ

飾り方のポイント

段ボール板の上に握ったり丸めたりしたフラワーペーパーを一緒に置けば、トウモロコシ畑の完成! きれいに並べ過ぎず、集めたり、離したりしながら飾るのがポイントです。

準備物

- カラーコピー用紙(緑系:A4サイズを1/4に切り、切り込みを入れる)
- 色画用紙(クリーム系:四ツ切りを1/4に切る)
- ペーパー芯(そのまま、もしくは1/2)
- 段ボール板
- 緩衝材(ひげ)
- トイレットペーパー
- スタンプ
- 丸シール(白目)

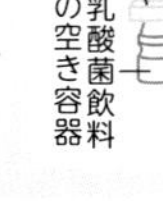

作り方

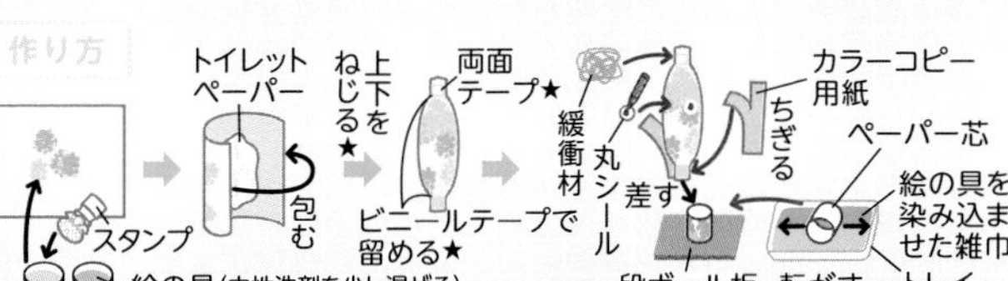

難易度CHANGE

LEVEL ★★

カラーコピー用紙を使う

カラーコピー用紙でトイレットペーパーを包みます。色画用紙より柔らかいので包みやすいです。

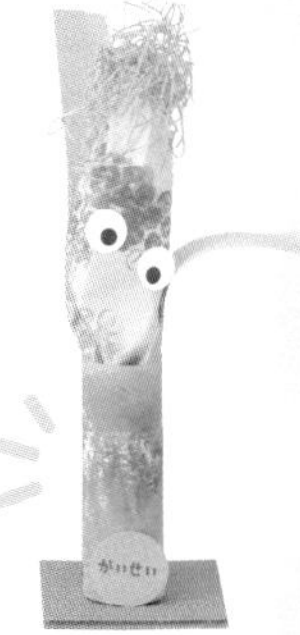

絵の具に親しむ

POINT
デカルコマニーを楽しむ

スプーンを使って絵の具を垂らすことや紙の上から伝わる絵の具の感触を楽しみましょう。

カニ

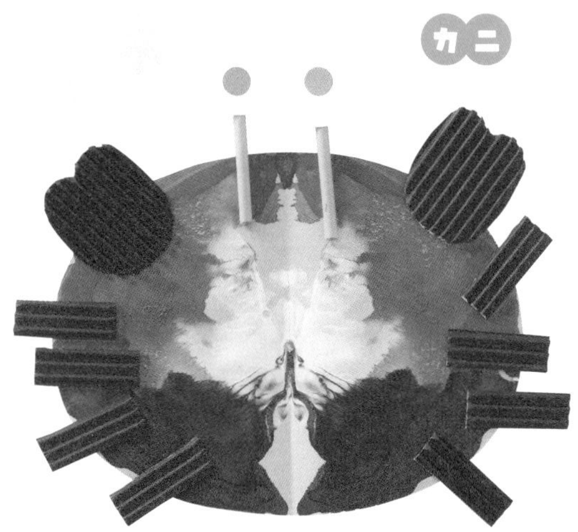

準備物

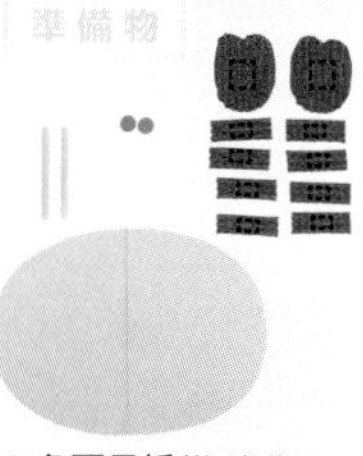

- 色画用紙(体:半分に折り筋を付ける)
- 画用紙(目)
- 片段ボール(はさみ・足:裏に両面テープを貼る)
- 丸シール(目)
- ストロー

作り方

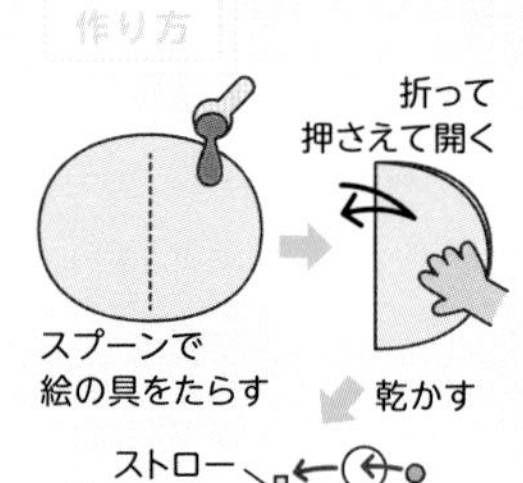

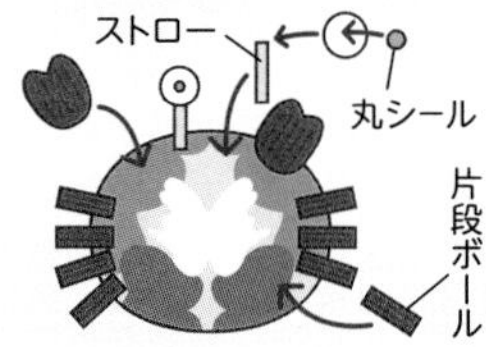

POINT
色の美しさを感じながら

暗い色の色画用紙に絵の具をスタンピングしたときの、色の鮮やかさや重なりに気付けるように関わりましょう。

絵の具に親しむ

準備物

- 色画用紙(暗い色)
- スタンプ(ペーパー芯に細く切り込みを入れて開く)

作り方

スタンプに濃いめに溶いた絵の具を付け、色画用紙にスタンピングをする。

飾り方のポイント

壁や天井の角を利用したり、テグスを使ったりして、立体的に飾ると、花火をイメージしやすくなります。

花火

POINT

くしゅくしゅじわっとにじませて

絵の具に親しむ

型紙：P.171

障子紙に絵の具がじわっとにじむのがきれいな製作です。絵の具は3色ほど使って、色が混ざる様子も楽しめるようにしましょう。

かき氷

飾り方のポイント

レースペーパーを下に敷くと、おしゃれになります。寒色系の色画用紙で壁面を飾り、涼しい雰囲気に。

準備物

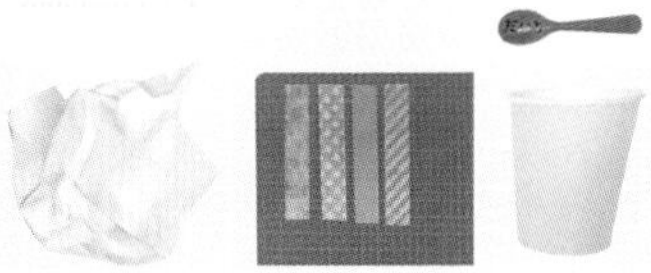

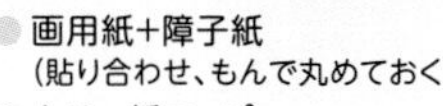

- 画用紙+障子紙
  (貼り合わせ、もんで丸めておく)
- カラー紙コップ
- マスキングテープ
- プラスチックスプーン
  (名前を書き、裏に両面テープを貼っておく)

作り方

1. 丸めた画用紙+障子紙を広げる。
2. 障子紙の面に霧吹きで水を掛ける。★

3. ❷に薄く溶いた絵の具を付ける。

4. カラー紙コップにマスキングテープを貼る。

5. 乾かした❸を❹に入れて、プラスチックスプーンを貼る。

ちぎる

LEVEL

POINT

トウモロコシの粒感をイメージして

トウモロコシの粒をプチプチシートで表現しています。子どもと一緒にイメージしてみましょう。

トウモロコシ

準備物

- プチプチシート（平面の両端に両面テープを貼る）
- 色紙（実：2枚つなげる、皮：片端に両面テープを貼って逆側に切り込みを入れる）
- スズランテープ
- 目玉シール
- 丸シール（口）
- 色画用紙（階段折りにし、片端に両面テープを貼る）

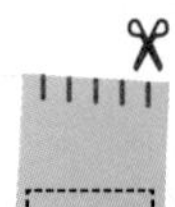

作り方

1. 色紙（実）をもんでプチプチシートの上に広げ、片側の両面テープに貼って巻く。

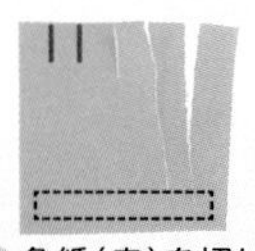

2. 色紙（皮）を切り込みからちぎる。

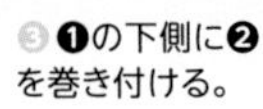

3. ❶の下側に❷を巻き付ける。
4. ❶の上側をセロハンテープで絞るように巻き、スズランテープを結ぶ。★

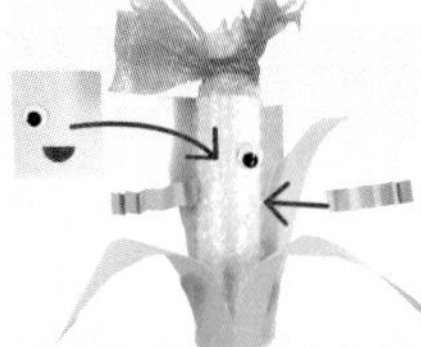

5. ❹に目玉シール、丸シール、色画用紙を貼り、スズランテープを裂く。

★は、保育者の工程です。

LEVEL ★★

型紙：P.171

POINT

フラワーペーパーをちぎる

ちぎったときのビリビリという音や感覚を存分に味わいましょう。

キンギョ

飾り方のポイント

作品を貼るキンギョ鉢に、子どもと一緒に乳酸菌飲料の空き容器で白の絵の具をスタンピングします。ジャバラ折りをした色画用紙を作品の裏に貼ると立体感が出て、楽しそうに泳いでいるようになります。

準備物

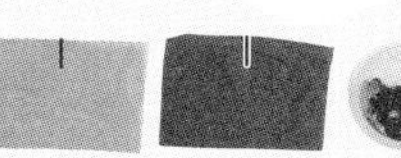

- 画用紙（キンギョ形、目）
- フラワーペーパー（1/16:切り込みを入れる）
- のり（少量の絵の具を混ぜる）
- 丸シール（目）

作り方

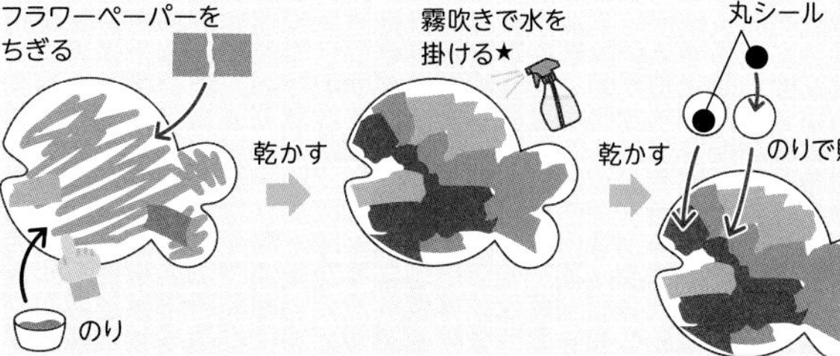

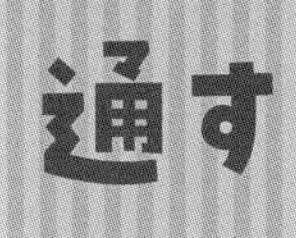

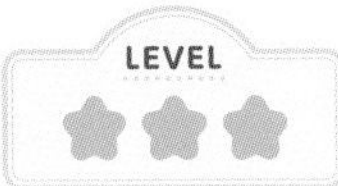

型紙：P.171

セミ

POINT
材料の組み合わせを楽しみながら通す

リボンを通しながらいろいろな材料を組み合わせていきます。穴を見つけて、シューっと通す行為を楽しみましょう。

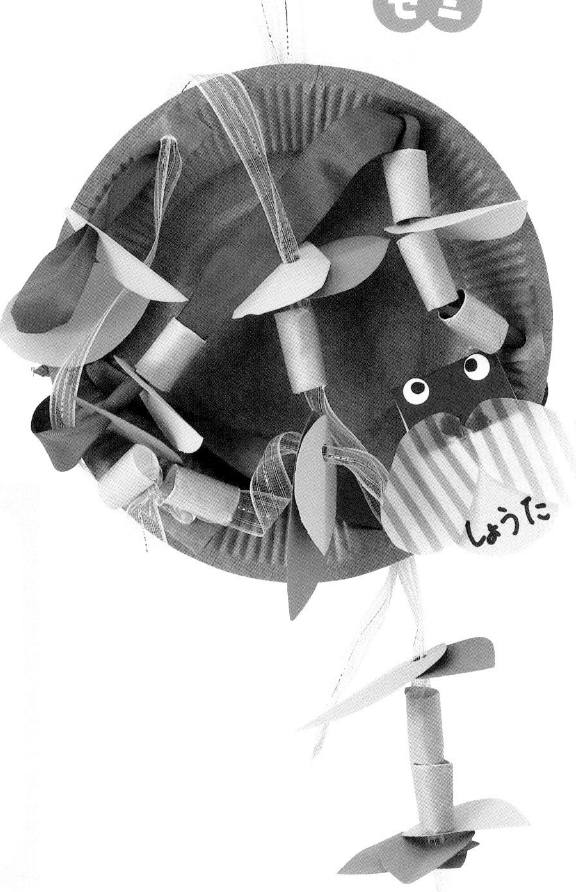

難易度CHANGE

一つの方向に通す

リボンにストローと穴をあけた色画用紙を通します。材料に穴があることを確かめながらゆったりと楽しみましょう。リボンの先に巻くセロハンテープは、ストローより長くすると、通しやすくなります。

準備物

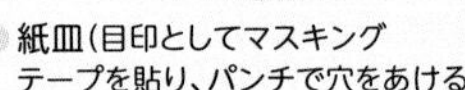
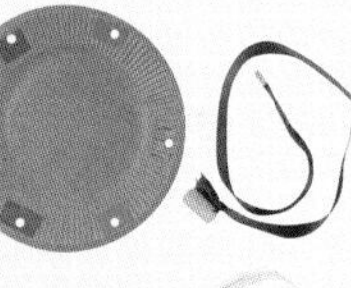

- 紙皿（目印としてマスキングテープを貼り、パンチで穴をあける）
- 紙ストロー（短く切る）
- 名札（セミ）
- 色画用紙（葉：パンチで穴をあける）
- リボン（片端はストローを結び、もう片端はセロハンテープで細くする）

作り方

1. リボンに、紙皿、ストロー、色画用紙を通す。
2. 飾り用のリボンを付け、名札を貼る。★

 ★は、保育者の工程です。

秋の製作

描く 貼る

型紙：P.172

月とお団子

POINT
ツルツルした紙に描く

キラキラの色紙は、他の色紙よりもペンが滑る感覚を味わえます。スルスルと描ける感覚を楽しめるようにしましょう。

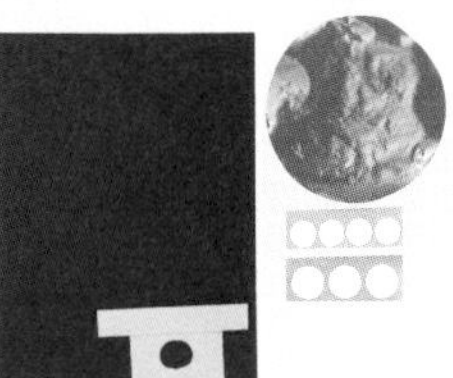

準備物

● 色画用紙
（三宝形の色画用紙を貼る）
● 金色紙（丸形）
● 丸シール（大、中）

作り方

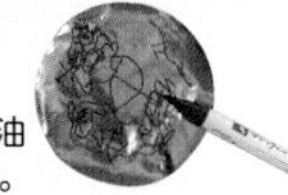

❶ 金色紙に油性ペンで描く。

❷ 保育者が裏にのりを付けた❶を色画用紙に貼る。

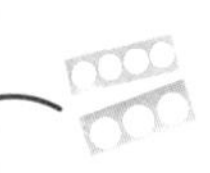

❸ ❷に丸シールを貼る。

POINT
水性ペンの水ぼかしを楽しむ

水を吹き掛けるとペンで描いた線が広がる不思議さを味わいましょう。

描く

型紙：P.172

ウサギ

準備物

● 色画用紙
（顔：子どもの写真を貼る）
● コーヒーフィルター
● 紙コップ
（口の部分に両面テープを貼る）
● フラワーペーパー（1/4）
● 緩衝材（1/2）

作り方

❶ コーヒーフィルターに水性ペンで描く。

❷ 霧吹きで水を掛け、にじませる。乾かして下部1㎝ほど折り返す。★

❸ 紙コップの両面テープの部分に丸めたフラワーペーパーと緩衝材を貼る。

❹ ❸に❷をかぶせ、色画用紙を貼る。

 ★は、保育者の工程です。

POINT
のりで貼る

LEVEL ★★☆

貼る

型紙：P.172

月見団子に少量ののりをちょんと付けてくるくると伸ばし、土台に貼りましょう。薄い色を団子に使うと乳児らしい柔らかい雰囲気に♪

月見団子

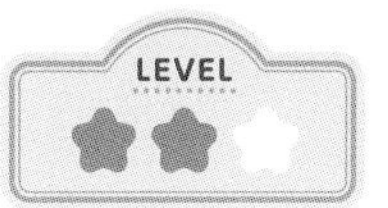

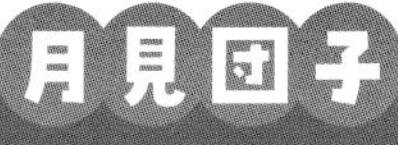

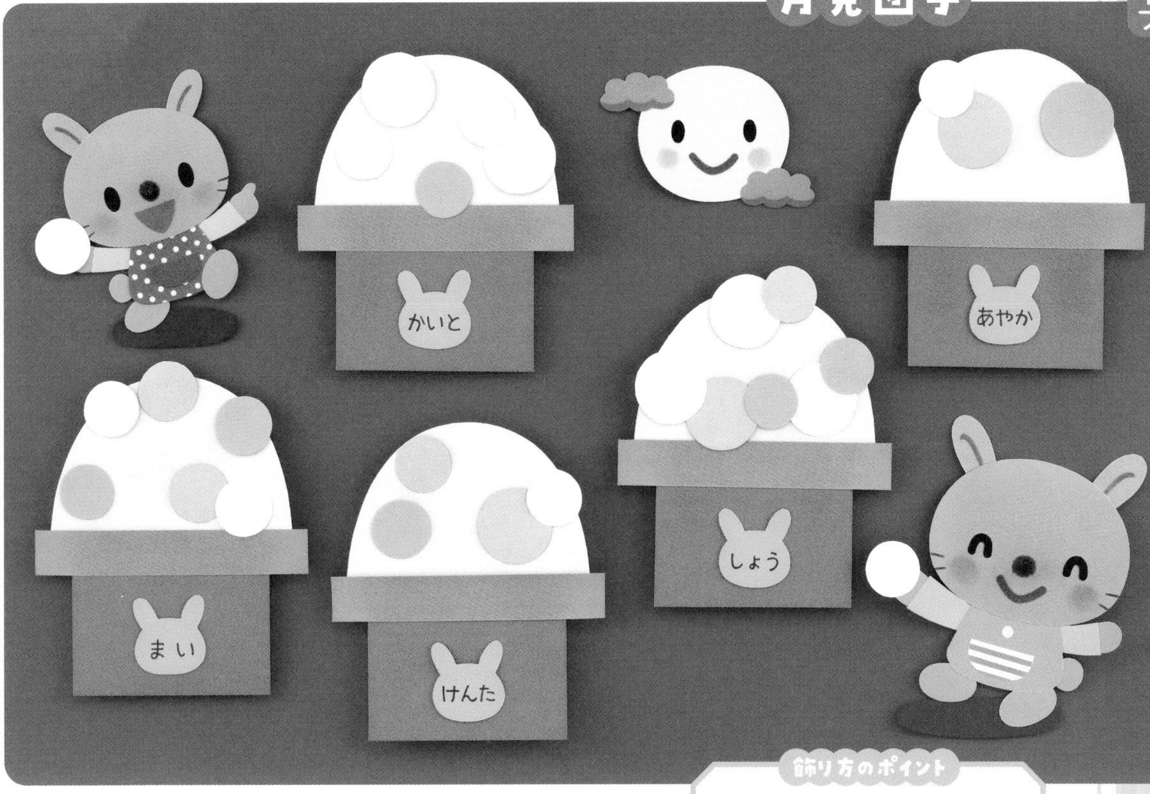

飾り方のポイント

作品の裏に段ボール板を貼って飾ると、平面の作品でも少し立体感が出ます。

準備物

● 色画用紙（山形、丸形、三方、ウサギ）

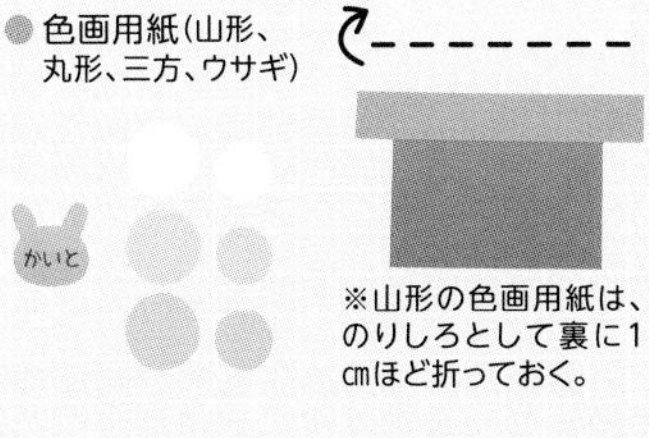

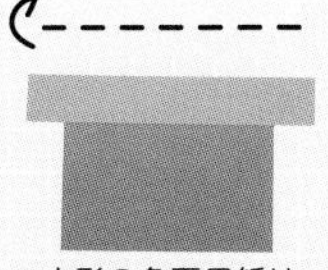

※山形の色画用紙は、のりしろとして裏に1㎝ほど折っておく。

作り方

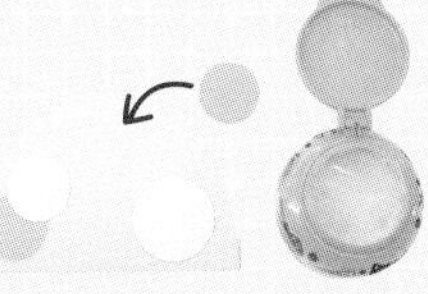

❶ 色画用紙（山形）に色画用紙（丸形）をのりで貼る。

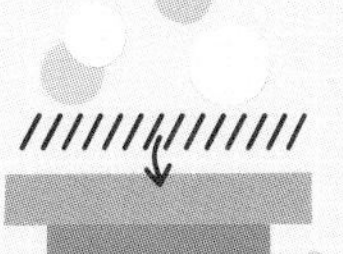

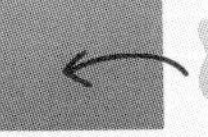

❷ 色画用紙（三方）に、折っていた部分を戻した❶を裏から貼り、色画用紙（ウサギ）を中央に貼る。★

感触を楽しむ

POINT

柔らかい感触を確かめながら

緩衝材やフラワーペーパーを握ったり丸めたりして柔らかい感触を確かめながら、いろいろな形や大きさの団子を作りましょう。

月見団子

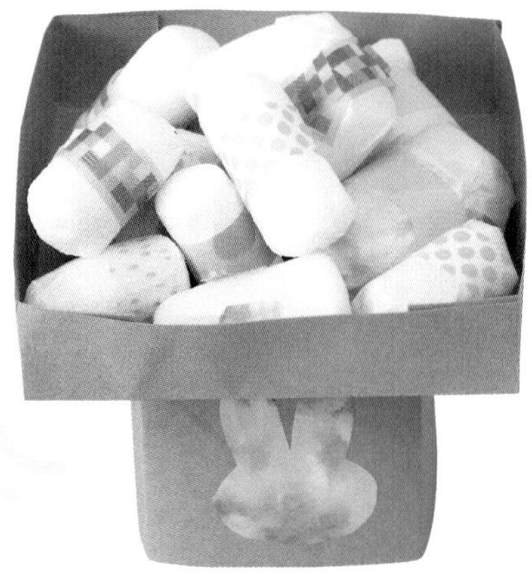

準備物

- 緩衝材
- フラワーペーパー（白:1/2・1/4）
- マスキングテープ
- 三方

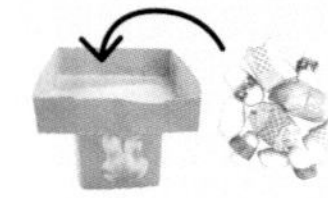

作り方

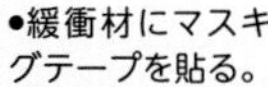

❶
- 緩衝材にマスキングテープを貼る。

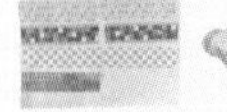

- フラワーペーパーを丸めてマスキングテープで留める。

- 緩衝材をフラワーペーパーで包んでマスキングテープで留める。

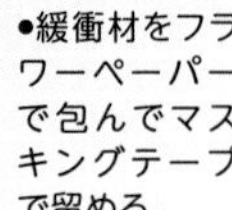

❷ ❶を三方に積む。

絵の具に親しむ

POINT

野菜でスタンピング

断面が丸いニンジンで、いつものスタンピングとは違う感触を味わいましょう。ニンジンを切る位置によって丸の大きさが変わります。

団子とススキ

準備物

団子
- 色画用紙（台紙:帯状の色画用紙を貼っておく、三方:中心を丸く切り取る）
- ニンジン（輪切り）

ススキ
- 色紙（穂、葉:1/2）※切り込みを入れる
- ストロー

作り方

❶ 色画用紙（台紙）に色画用紙（三方）を貼る。

❷ ニンジンに濃いめに溶いた絵の具を付け、❶にスタンピングをする。

❸ 色紙（穂）をストローに巻いてテープで留める。★

❹ 色紙（葉）の切り込みからちぎって❸にのりで貼る。

❺ ❹を❷に貼る。

 ★は、保育者の工程です。

描く

LEVEL ★★★

POINT

パスが絵の具をはじくことに気付く

パスで描いた線に絵の具を塗ると、絵が浮き出てくることを楽しみながら、カボチャに変身させましょう。

型紙：P.173

カボチャの入れ物

準備物

- 画用紙（カボチャ形）
- ペットボトル（底：切り口をマスキングテープで保護し、モールで取っ手を付ける）
- 色画用紙（丸形、帽子）
- 丸シール（目、飾り：中）
- ビニールテープ（口）
- ストロー

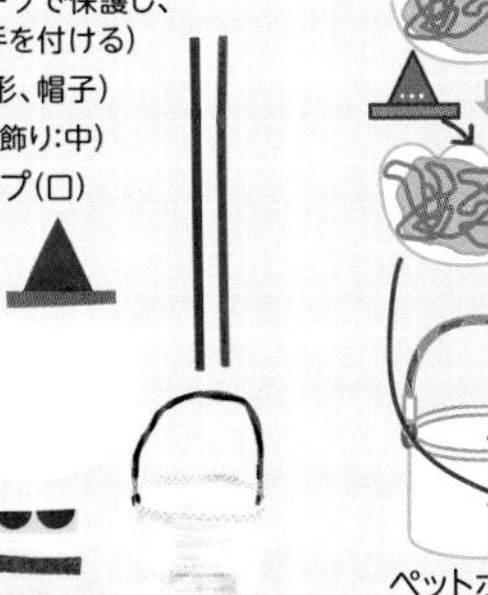

作り方

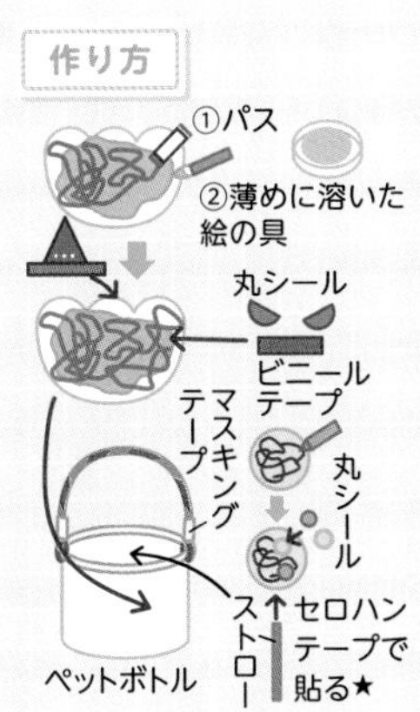

描く

LEVEL ★☆☆

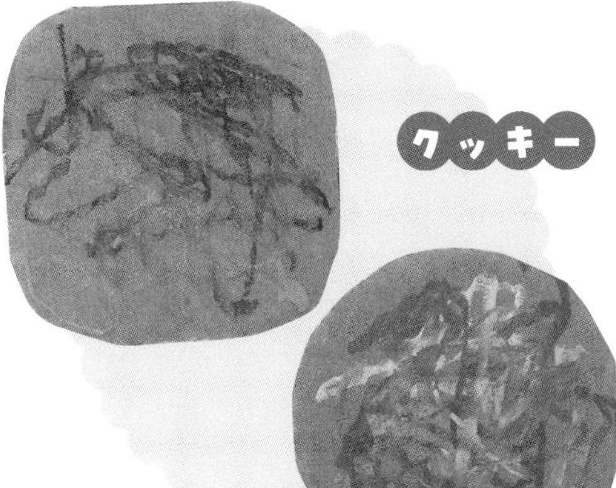

クッキー

POINT

段ボール板に描く

段ボール板に描くときの感覚や音に気付けるように、「ガタガタするね」など言葉やしぐさで伝えていきましょう。

準備物

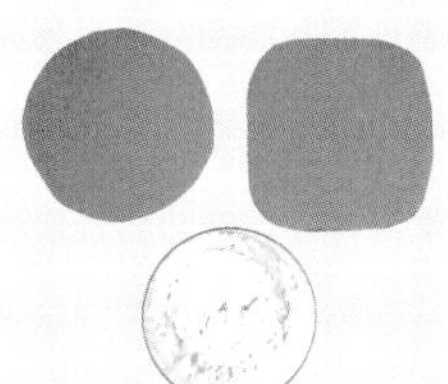

- 段ボール板（丸形、四角形　など）
- ベビーパウダー

作り方

❶ 段ボール板にパスで描いたり塗ったりする。

❷ パスが手などに付かないように、ベビーパウダーを振り掛ける。★

❸ ❷をこする。

貼る

型紙：P.173

POINT

その子らしい貼り方で

両面テープに色画用紙を貼ります。それぞれの子どもらしい組み合わせを楽しめるようにしましょう。

カボチャ

飾り方のポイント

ティッシュペーパーを柄色紙で包んだり、毛糸を渦巻きに貼ったりしたキャンディをアクセントにして飾りましょう。

準備物

- 色画用紙
  (だ円形、帯状：両面テープを貼る、帽子)
- 丸シール(目)
- ビニールテープ(口)

作り方

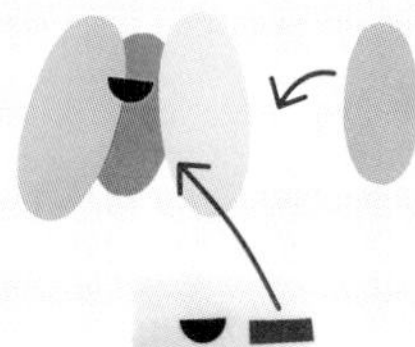

❶ 色画用紙(帯状)に色画用紙(だ円形)を貼る。丸シールとビニールテープで目と口を貼る。

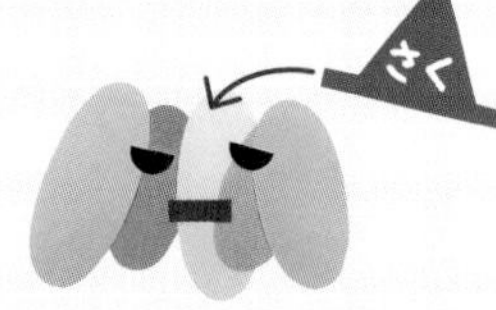

❷ 色画用紙(帽子)を貼る。★

 ★は、保育者の工程です。

貼る

POINT
のりやシールで貼る

のりで貼ったキラキラ色紙をきっかけに、シール貼りを楽しみます。シールの大小や色紙との組み合わせを考えながら貼りましょう。

お菓子入れバッグ

準備物

- ヨーグルトの空き容器
- 色画用紙（ヨーグルトの容器の外側を一周できる大きさ、丸形、名札：裏にストローを貼る）
- キラキラ色紙（丸形：大・小）
- 丸シール（中・小）
- モール（2色をねじる）
- ストロー

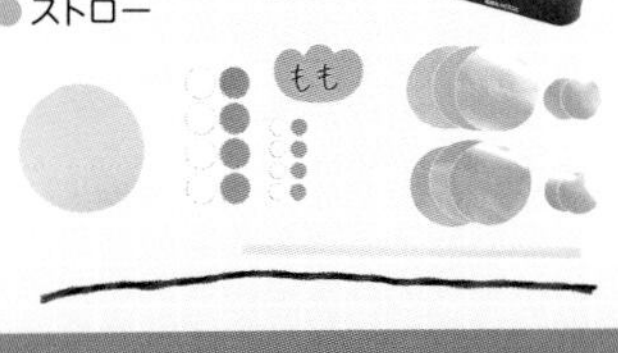

作り方

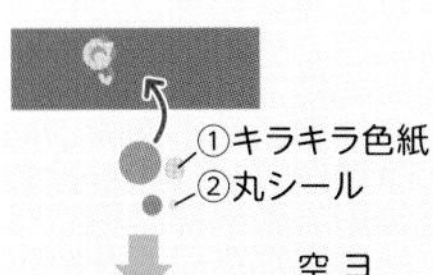

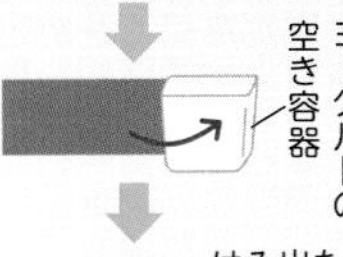

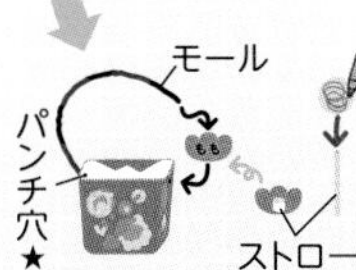

\ 難易度CHANGE /

LEVEL

シールを貼る

シールの色や大きさの違いに気付き、貼ることを楽しみます。貼る行為自体が楽しいので、繰り返す中で、その子なりの表現になっていきます。

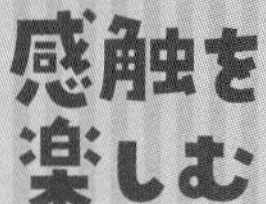

POINT
粘土の感触を楽しんで

紙粘土を丸めたり伸ばしたりしながら、感触や色の変化を楽しみましょう。ビーズなど他材料を組み合わせると、おいしそうなお菓子に!

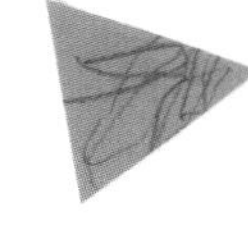

お菓子パーティー

飾り方のポイント

紙パックの下にボトルキャップを貼って斜めに飾り、作品を見えやすくします。壁面には、色画用紙にパスで描いたり、シールを貼ったりしたガーランドを飾ると、楽しい雰囲気に。

準備物

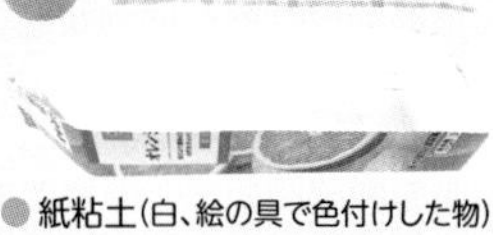

- 紙粘土(白、絵の具で色付けした物)
- ストロー
- ビーズ
- アルミカップ
- 紙ナプキン
- 紙パック(縦半分に切る)

作り方

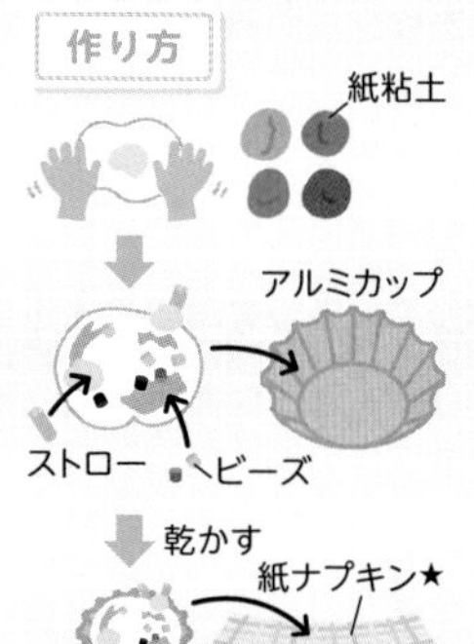

難易度CHANGE

粘土とストローの組み合わせ

粘土とストローを組み合わせて楽しみます。素材に興味をもち、手で触れ、確かめ、感触を楽しむことを大切にしましょう。

 ★は、保育者の工程です。

絵の具に親しむ

型紙：P.173

POINT

粘着クリーナーを使って

粘着クリーナーは持ち手が短く、低年齢児にも扱いやすいです。コロコロ転がし、色画用紙に色を付けることを楽しみましょう。

カボチャ

準備物

- 色画用紙（カボチャ、目、口、マント）
- フラワーペーパー（リボンの形にねじる）
- 粘着クリーナー（小）

作り方

① 粘着クリーナーに濃いめに溶いた絵の具を付け、色画用紙（カボチャ）の上で転がす。

② ❶に色画用紙（目、口）を貼って色画用紙（マント）に貼り、フラワーペーパーを貼る。

絵の具に親しむ

型紙：P.173

カボチャ

POINT

スポンジ筆を使う

スポンジ筆で描いたり、塗ったり、スタンピングをしたりして、絵の具の活動を楽しみましょう。

準備物

- 色画用紙（カボチャ、帽子）
- スポンジ筆（乳酸菌飲料の空き容器に帯状のスポンジを差し込む）
- 丸シール（中）
- カラー紙コップ
- フラワーペーパー（1/4）
- カラーポリ袋（マント：両端に両面テープを付ける）

作り方

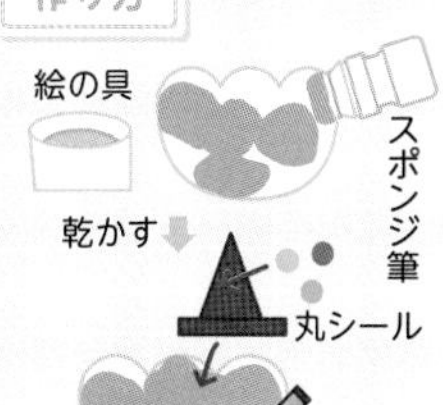

描く

POINT
画用紙の形を感じながら

羽の形を確かめてから描くと、長さを感じたり紙の形に沿った描き方になったりするなど、様々な気付きにつながります。

トンボ

飾り方のポイント

ストローにカラーひもを通してつり飾りに♪ おかずカップの名札の裏に木製クリップを付けて一緒に飾りましょう。

難易度CHANGE

はじき絵に

羽の模様をはじき絵にすると、より華やかになります。パスは3本の指で持つことを意識して描けるように、援助しましょう。

準備物

- 画用紙(羽・目:裏に両面テープを貼る)
- 丸シール(目)
- ストロー(太)

作り方

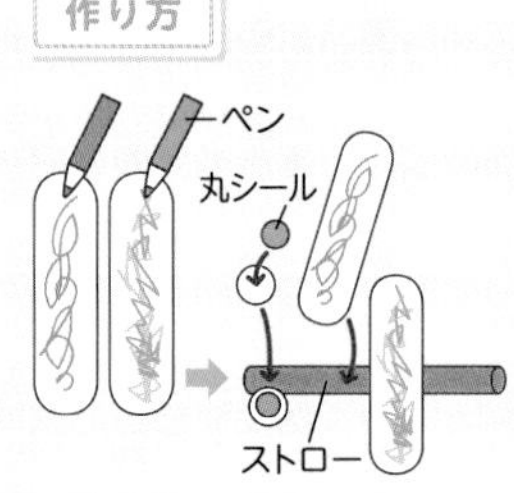

 ★は、保育者の工程です。

貼る 描く

LEVEL ★★☆

POINT

仕掛けを意識して

ペンで描くときは、先に貼った丸シールを意識しながら描けるようにしましょう。

型紙：P.173

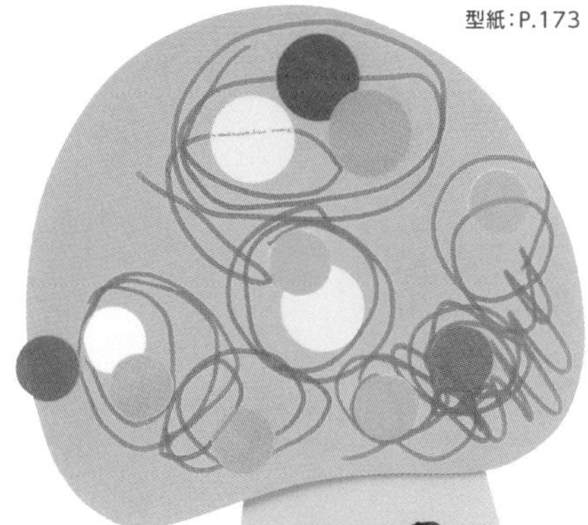

キノコ

準備物

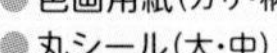

- 色画用紙（カサ・柄）
- 丸シール（大・中）

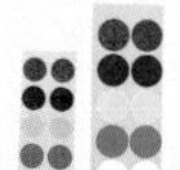

作り方

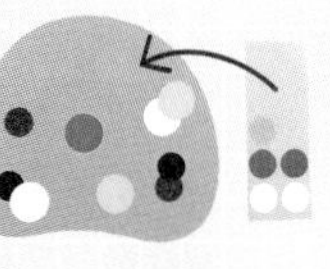

① 色画用紙（カサ）に丸シールを貼る。

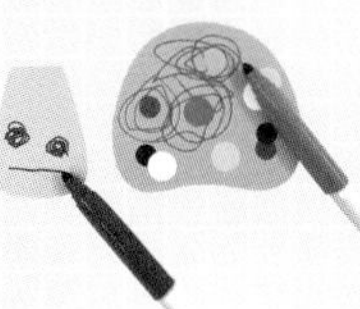

② ❶にペンで描き、色画用紙（柄）に顔を描く。

③ 色画用紙を貼り合わせる。★

描く 貼る

LEVEL ★★☆

POINT

プチプチシートに描く

プチプチシートに描くときの、フニフニとした感覚を存分に味わえるようにしましょう。

リンゴ

準備物

- プチプチシート
- 色画用紙
（帯状：両面テープを貼って小さく切る、葉）
- ストロー（短く切る）

作り方

① プチプチシート（平面）に油性ペンで描く。

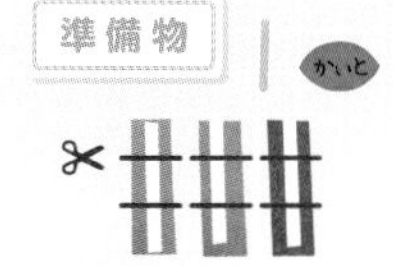

② ❶を丸く切って裏返す。★

③ プチプチシート（凸面）に色画用紙を貼る。

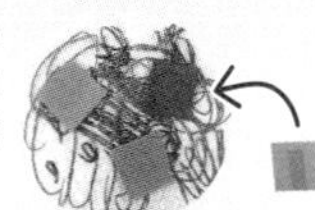

④ ❸を裏返して、ストローと色画用紙（葉）を貼る。★

貼る

型紙：P.173

コスモス

POINT

のりで貼ることを繰り返し楽しむ

花びらをのりで貼ることを繰り返す中で、のりの感触に慣れ、適量が分かるようにしましょう。

難易度 CHANGE

両面テープで貼る

花びらには紙テープより硬い、色画用紙を使い、両面テープで貼っていきます。色や長さに興味をもてるように関わりましょう。

飾り方のポイント

模造紙にスズランテープやビニールテープを子どもたちが自由に貼り、その上に作品を貼ります。貼る活動を楽しんだことが伝わる壁面飾りになりますね。

準備物

- 色画用紙（丸形、茎）
- おかずカップ
- 丸シール（大、小）
- 紙テープ
  （ピンキングばさみで端を切る）
- スズランテープ
  （セロハンテープで端を絞る）
- ビニールテープ

作り方

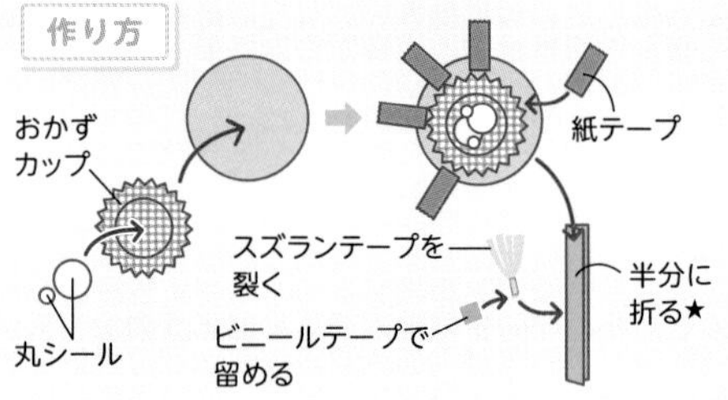

 ★は、保育者の工程です。

貼る

POINT
両面テープで貼る

ブドウの粒の色画用紙を集めたり並べたりするなど、思い思いのリズムで貼ることを楽しみましょう。

ブドウ

準備物

- 画用紙（台紙）
- 色画用紙（実・軸：裏に両面テープを貼る）

作り方

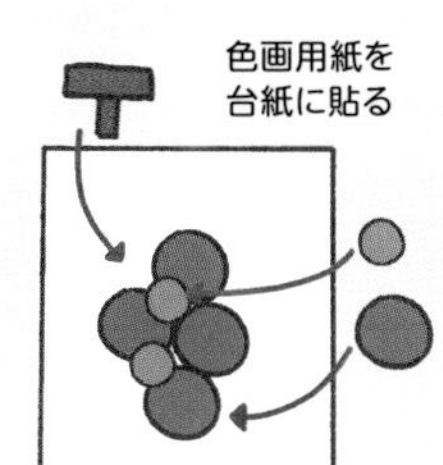

貼る

POINT
のりの適量を知る

指先にダンゴムシくらいの少量ののりをちょんと付け、色紙にくるくる伸ばして貼るように伝えましょう。

ドングリ

準備物

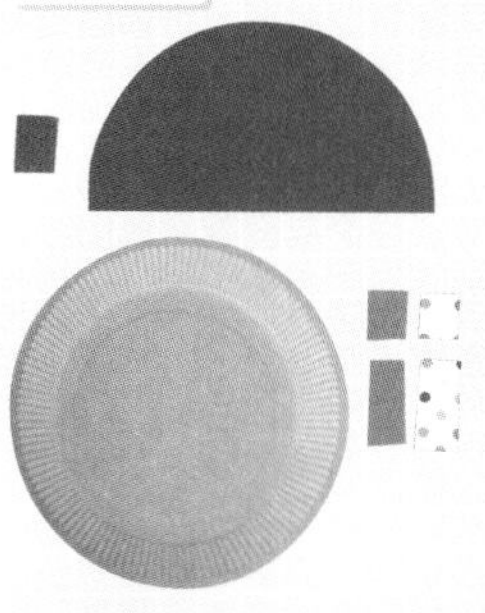

- 色画用紙（帽子、ヘタ）
- （柄）色紙　● 紙皿

作り方

❶ 色画用紙（帽子）に（柄）色紙、色画用紙（ヘタ）を貼る。

❷ ❶を紙皿に貼り、ペンで顔を描く。

貼る

型紙：P.173

飾り方のポイント

作品をかごや箱の上に置いて、高低差を出すと動きが出ます。ビニールテープで連結させたボトルキャップがすてきな飾りに！

POINT

色画用紙をきっかけに

丸形の色画用紙を貼ることをきっかけに、色や大きさの異なるシールを組み合わせて貼ることを楽しみましょう。

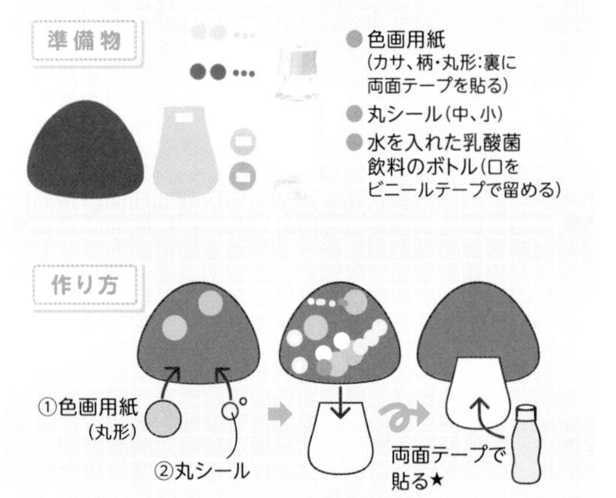

難易度 CHANGE

大きめのシールで

大きめの丸シール（特大、大）を貼ります。シール貼りの行為自体を楽しむ中で、色や大きさの違いに気付けるように関わりましょう。

 ★は、保育者の工程です。

貼る

LEVEL ★☆☆

POINT

幅の広い両面テープに貼る

両面テープの部分に素材を置くと、くっ付くことに気付けるようにしましょう。小枝の形を生かしつつ、子どもが扱いやすい長さに切っておきましょう。

秋の壁掛け

準備物

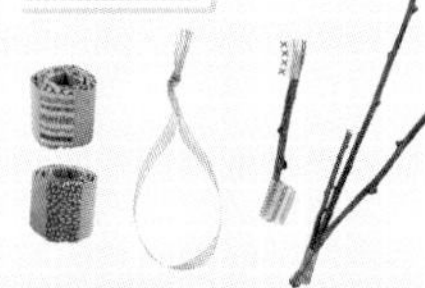

- 小枝（切り口をマスキングテープで保護する）
- 段ボール板の飾り（帯状に切って巻き、マスキングテープで留める）※大きさの目安：ボトルキャップ二連結程度
- リボン
- 額

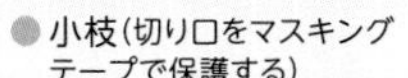

額
❶段ボール板に色画用紙を貼る
❷周りを布テープで縁取る
❸幅5cm程度の両面テープを2〜3本貼る

作り方

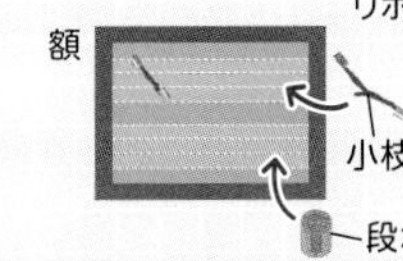

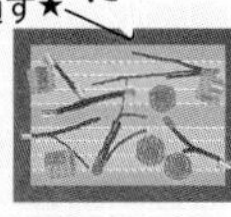

難易度CHANGE

マスキングテープで貼る

LEVEL ★★★

小枝をマスキングテープで貼ってみましょう。マスキングテープを何度も重ねたり、小枝を何本も積み重ねたりするなど、その子なりのいろいろな貼り方を見つけて楽しめますよ。

描く　感触を楽しむ

POINT

紙を丸めたり包んだりすることを楽しんで

LEVEL ★★

ティッシュペーパーや色紙の感触を確かめながら、丸めたり包んだりすることを楽しみましょう。

準備物

- ペーパー芯（1/4:角を丸くする）
- 色紙
- ティッシュペーパー

作り方

❶ペーパー芯にパスで描く。

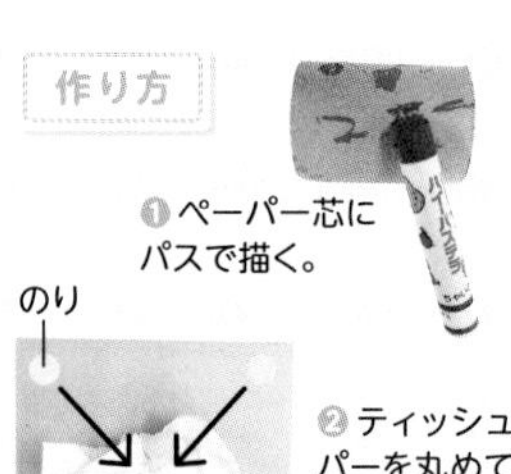

❷ティッシュペーパーを丸めて色紙の上に置き、色紙の四隅にのりを付けて包む。

❸❶にのりを付け、❷をはめ込む。

クリ

飾り方のポイント

ペーパークッションを入れたプラカップに入れて、置き飾りに！

感触を楽しむ

LEVEL ★★

POINT

紙粘土に差したり抜いたり

紙粘土の感触を楽しみながら、ドングリを埋め込んだり綿棒を差したり抜いたりすることを繰り返し楽しみましょう。

ドングリ飾り

準備物

- 紙粘土
- ドングリ
- 綿棒（絵の具を付ける）

濃いめに溶いた絵の具　綿棒　カップ

作り方

紙粘土を混ぜ込み、ドングリを埋め込んだり、絵の具を付けた綿棒を差したり抜いたりする。

感触を楽しむ 通す

型紙：P.173

LEVEL ★★★

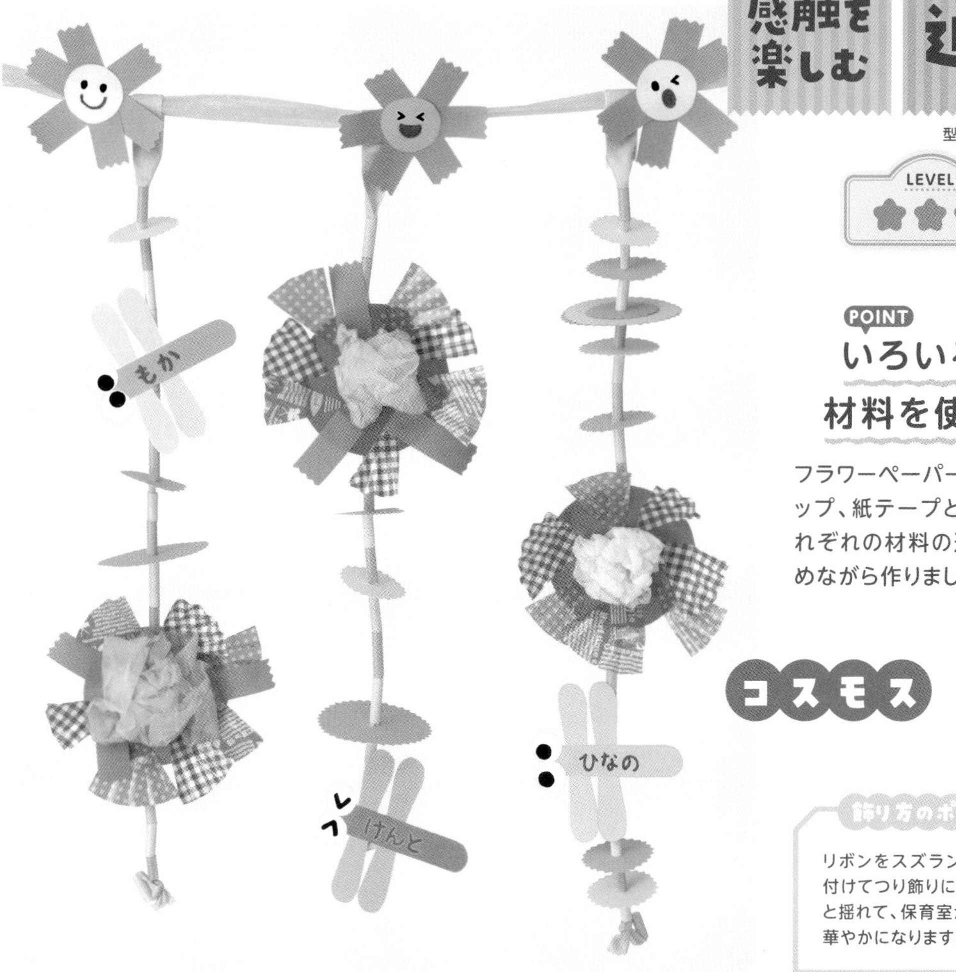

POINT

いろいろな材料を使って

フラワーペーパー、おかずカップ、紙テープといった、それぞれの材料の違いを確かめながら作りましょう。

コスモス

飾り方のポイント

リボンをスズランテープに付けてつり飾りに。ゆらゆらと揺れて、保育室が秋らしく華やかになります。

準備物

コスモス

- 色画用紙（丸形）
- フラワーペーパー
- おかずカップ（裏側の中央に両面テープを貼り、適当な大きさに切る）
- 紙テープ（端をピンキングばさみで切る）

ひも通し

- 名札（トンボ）
- ストロー（短く切る）
- リボン（片端はストローを結び、もう片端はセロハンテープで細くする）
- 色画用紙（飾り：ピンキングばさみで丸形に切って中心に穴をあける）

作り方

❶ 色画用紙（丸形）にフラワーペーパーを丸めて貼り、紙テープ、おかずカップを貼る。

❷ リボンにストローと色画用紙（飾り）を通す。

❸ ストロー部分に❶と名札を貼る。★

感触を楽しむ　貼る

LEVEL ★

POINT

フラワーペーパーを握ったり丸めたり

リンゴ

指先でそっとつまんだり握ったり手のひらで丸めたりし、フラワーペーパーの柔らかい感触を楽しみましょう。

準備物

- 紙皿
- モール
- フラワーペーパー(1/4)
- ラップフィルム
- おかずカップ(1/2)

作り方

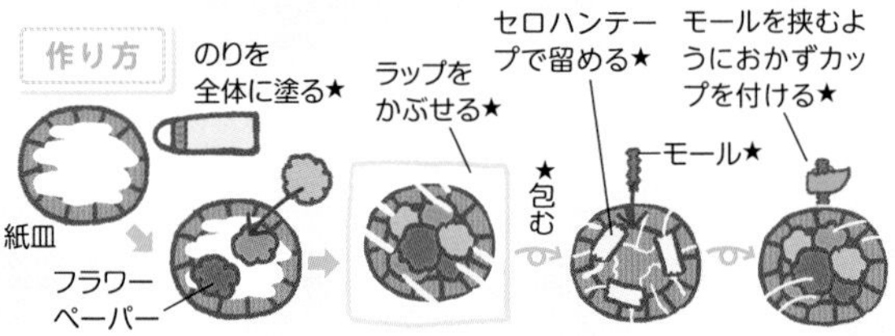

紙皿

のりを全体に塗る★

フラワーペーパー

ラップをかぶせる★

★包む

セロハンテープで留める★

モール★

モールを挟むようにおかずカップを付ける★

LEVEL ★★

POINT

材料の組み合わせを楽しむ

絵の具に親しむ　感触を楽しむ

秋からの贈り物

マツボックリや緩衝材に毛糸を絡めたり巻いたりするなど、組み合わせを楽しみながらペットボトルに入れていきましょう。

準備物

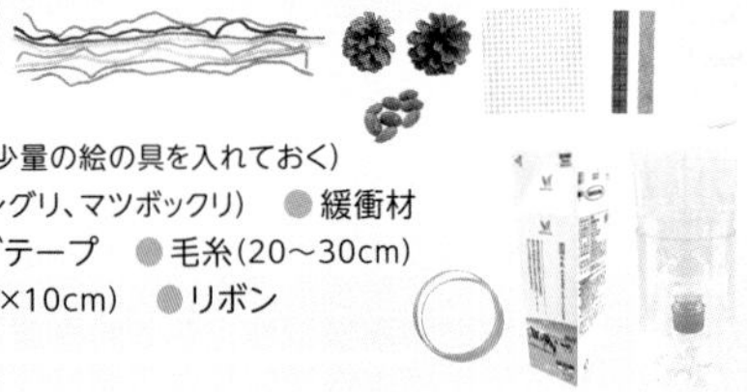

- 紙パック（1L用:中に少量の絵の具を入れておく）
- 自然物(ドングリ、マツボックリ)
- 緩衝材
- マスキングテープ
- 毛糸(20～30cm)
- 柄色紙(10×10cm)
- リボン
- ペットボトルの入れ物
  - ❶ 1Lの炭酸飲料用の物を1/2に切る
  - ❷ 切り口をセロハンテープで保護する
  - ❸ 上部を逆さにし、下部にはめる

作り方

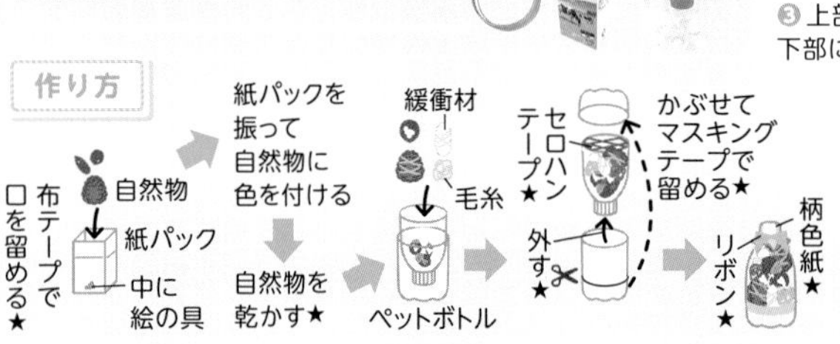

自然物

紙パック

中に絵の具

布テープで口を留める★

紙パックを振って自然物に色を付ける

自然物を乾かす★

緩衝材

毛糸

ペットボトル

セロハンテープ★

外す★

かぶせてマスキングテープで留める★

柄色紙★

リボン★

型紙：P.174

POINT

ブドウの粒をイメージして

スタンプの大きさや色を選べるように幾つか準備します。粒をイメージしながらポンポンとスタンピングを楽しめるように関わりましょう。

ブドウ

飾り方のポイント

茶色の画用紙をもんで棒状にし、紙テープのツルを巻き付けてブドウ畑の風景に！ 作品の裏に階段折りにした画用紙を貼ることで、ブドウが浮き出て立体的に見えます。

準備物

- 画用紙(四ツ切りの1/4に切る)
- 色画用紙（軸、名札）
- モール（ツル）
- タンポ（大・小）

作り方

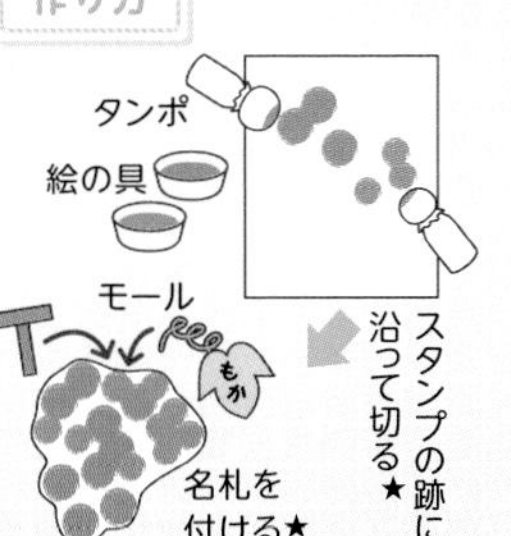

難易度CHANGE

LEVEL

空き容器でスタンピング

ブドウの形に切った色画用紙に、乳酸菌飲料の空き容器やプリンカップなどでスタンピングします。色画用紙の形に沿うようにしたり、色を選んだりするなど、その子なりのこだわりが出ます。

※プラスチックの容器を使うときは、絵の具に少量の中性洗剤を混ぜると、色が定着しやすくなります。

葉っぱ

POINT

デカルコマニーを楽しんで

色画用紙を開いたときの絵の具の模様に、驚きや発見がいっぱいです。

飾り方のポイント

作品と丸めたフラワーペーパーを色画用紙に貼って円柱にすると、葉が付いた木のようになります。円柱の中に水を入れた小さなペットボトルを入れると、しっかりと立ちますよ。ボトルキャップを色紙で包んで虫を作るなどして一緒に飾るとかわいいですね。

準備物

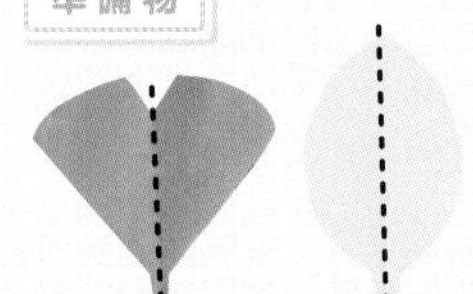

● 色画用紙
(葉:半分に折って折り筋を付ける)

作り方

色画用紙に絵の具を付けて折り筋に合わせて折り、押さえてから開く。

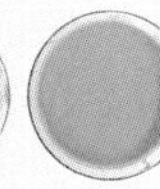

開くと…

感触を楽しむ

絵の具に親しむ

POINT

トロトロ絵の具で

とろーりとした絵の具をスプーンで垂らし、ドングリやマツボックリなどをくっ付けていきましょう。

型紙：P.174

みゆ

自然物のケーキ

飾り方のポイント

レースペーパーを貼った丸形の色画用紙にのせたり、ボトルキャップに貼ったドングリ形の名札を立てたりして飾るといいですね！

準備物

- 段ボール板（様々な形に切る）
- 自然物（ドングリ、小枝、マツボックリ など）

作り方

❶ 段ボール板に絵の具を垂らして、自然物を貼る。

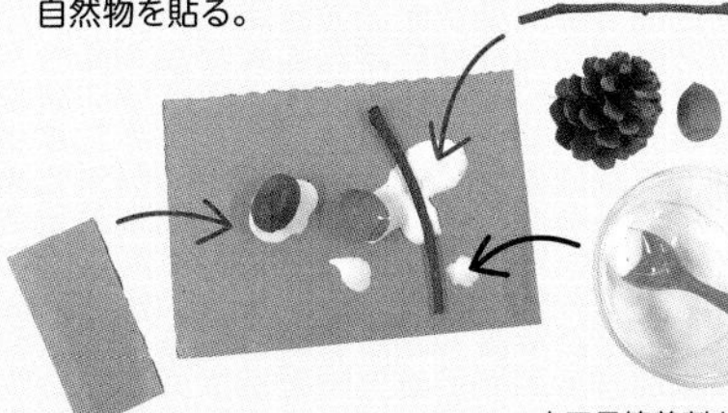

木工用接着剤を混ぜた絵の具

❷ しっかりと乾かして飾る。★

ちぎる

LEVEL ★★

クリ

POINT

色紙をちぎる

ちぎったときの音や、手に伝わる感触を味わえるようにし、ちぎると形が変わっていくことに気付けるように関わりましょう。

準備物

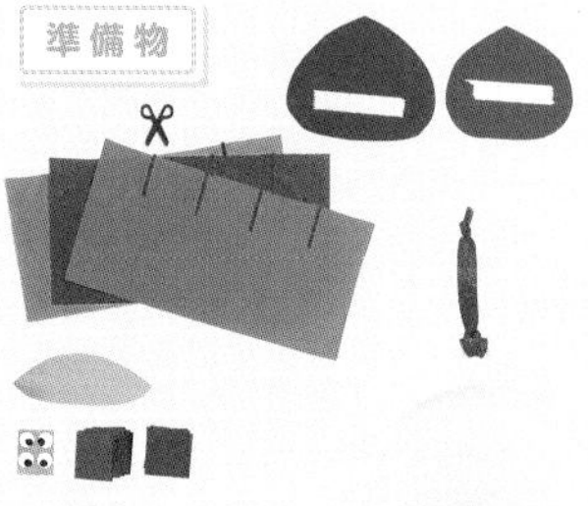

- 色紙（切り込みを入れる）
- 紙皿
- 丸シール（目）
- 色画用紙（実：裏に両面テープを貼る、座、じゃばら折り）

作り方

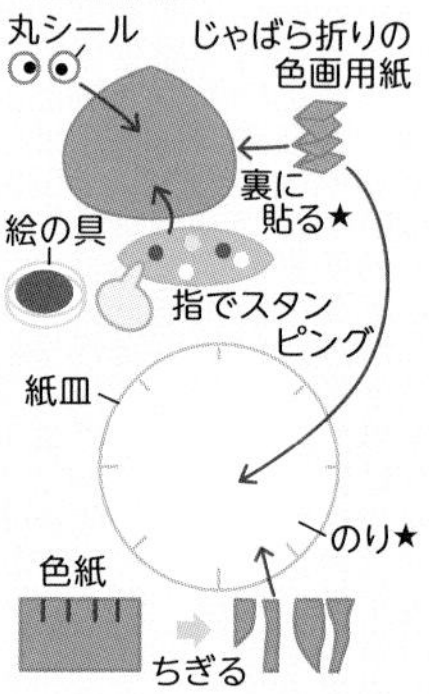

丸シール
じゃばら折りの色画用紙
裏に貼る★
絵の具
指でスタンピング
紙皿
のり★
色紙
ちぎる

貼る　ちぎる

LEVEL ★★★

POINT

色画用紙をちぎる

色画用紙は、よくもんでおくことでちぎりやすくなります。紙の目によってちぎれ方が変わるので、できた形を楽しみましょう。

- 段ボール板（土台、飾り：うねが荒い物を帯状に切って丸め、カラークラフトテープで留める）
- 自然物（マツボックリ、木の実、小枝：先がとがっている場合はマスキングテープで保護する）
- テープ芯
- 色画用紙（もんで柔らかくし、切り込みを入れる）

秋からのプレゼント

★は、保育者の工程です。

貼る ちぎる

LEVEL ★★

POINT
ちぎり方にこだわって

ちぎるときの音や感触を楽しみながら、紙の形が変わることに気付いたり、ちぎり方にこだわったりするなど、その子どもなりの活動を楽しめるように関わりましょう。

型紙：P.175

サツマイモ

飾り方のポイント

焼きイモや落ち葉拾いの機会から、その様子を再現して作品を飾ることで、より身近に秋を感じられるでしょう。色から感じるイメージを大切にしましょう。

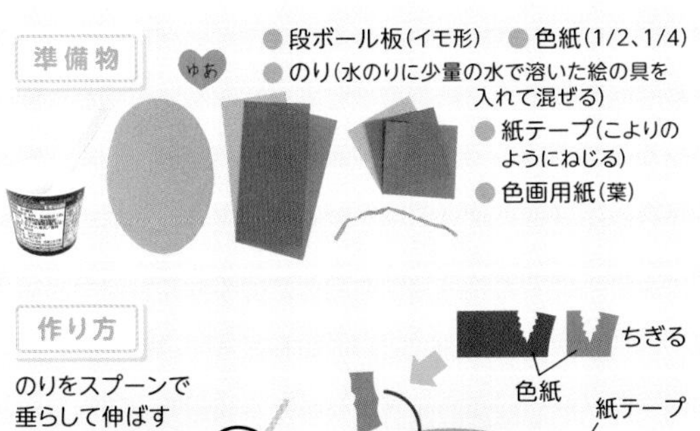

準備物

- 段ボール板（イモ形）
- 色紙（1/2、1/4）
- のり（水のりに少量の水で溶いた絵の具を入れて混ぜる）
- 紙テープ（こよりのようにねじる）
- 色画用紙（葉）

作り方

難易度 CHANGE

LEVEL ★

色紙に切り込みを入れる

色紙を1/4の帯状に切り、片端に切り込みを入れます。切り込みに気付き、ちぎることを楽しみましょう。保育者がのりを塗った段ボール板に貼ったら完成!

通す　ちぎる

LEVEL ★★★

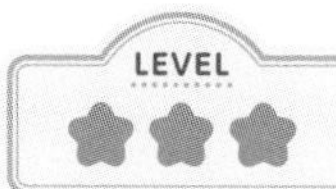

POINT
ちぎったり通したり

ちぎることを楽しんだり、通す遊びをしたりしながら、飾りができていく過程を楽しみましょう。

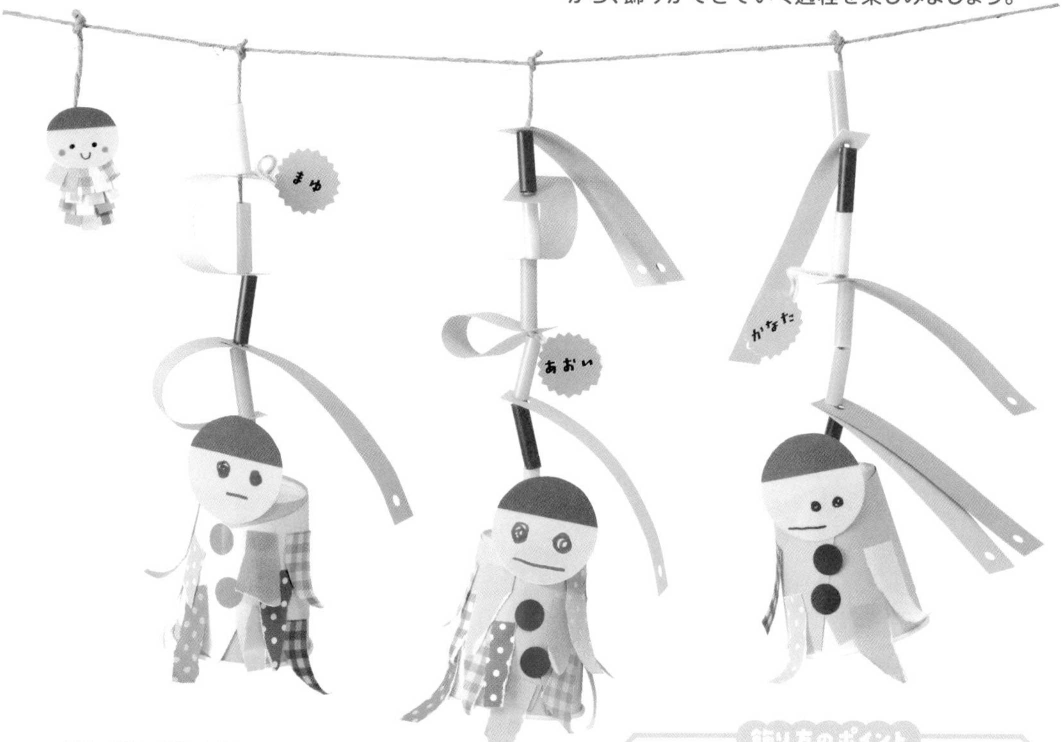

ミノムシ

飾り方のポイント

ひもにつるして飾ると、ゆらゆらと揺れるミノムシのできあがり! ひも通しの仕方や色紙のちぎり方に、それぞれの子どもの個性が見られます。

準備物

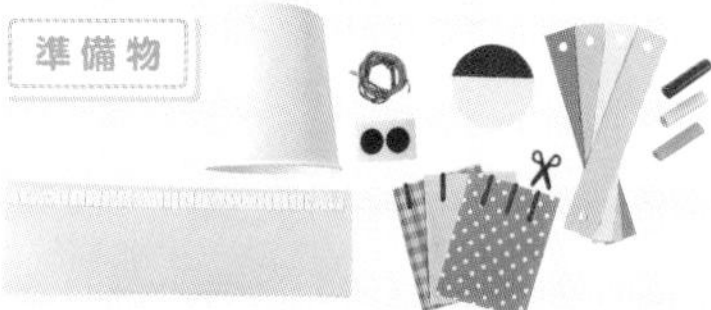

ミノムシ
- カラー紙コップ
- 色画用紙(顔、体:長方形にして両面テープを貼る)
- (柄)色紙(切り込みを入れる)
- 丸シール

ひも通し
- 紙ひも
- 色画用紙(帯状:両端にパンチ穴をあける)
- ストロー(短く切る)

作り方

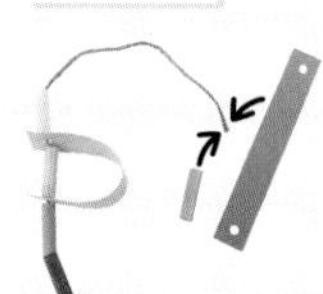

❶ ストローと色画用紙(帯状)を紙ひもに自由に通す。
※保育者が麻ひもの端にストローを結んでおく。

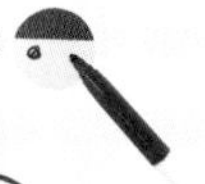

❷ 色画用紙(顔)に目や口を描く。

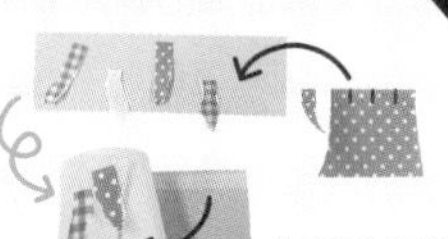

❸ (柄)色紙をちぎって色画用紙(体)に貼る。両面テープを剥がして紙コップに巻き、丸シールを貼る。

❹ ❶の先のストローと❷を❸に貼る★

 ★は、保育者の工程です。

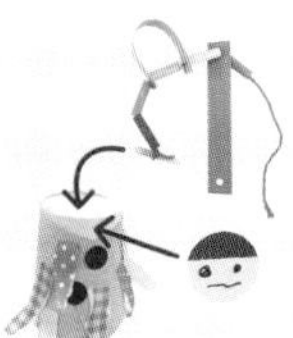

冬の制作
あい

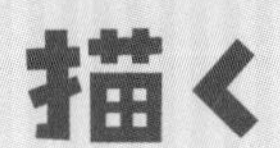

描く

絵の具に親しむ

LEVEL ★★

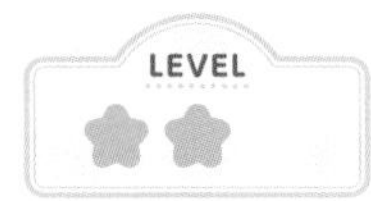

POINT

三角の紙に描く

紙の形を確かめてから描くようにしましょう。紙の形に沿ったり角を意識したりするなど、様々な気付きにつながります。

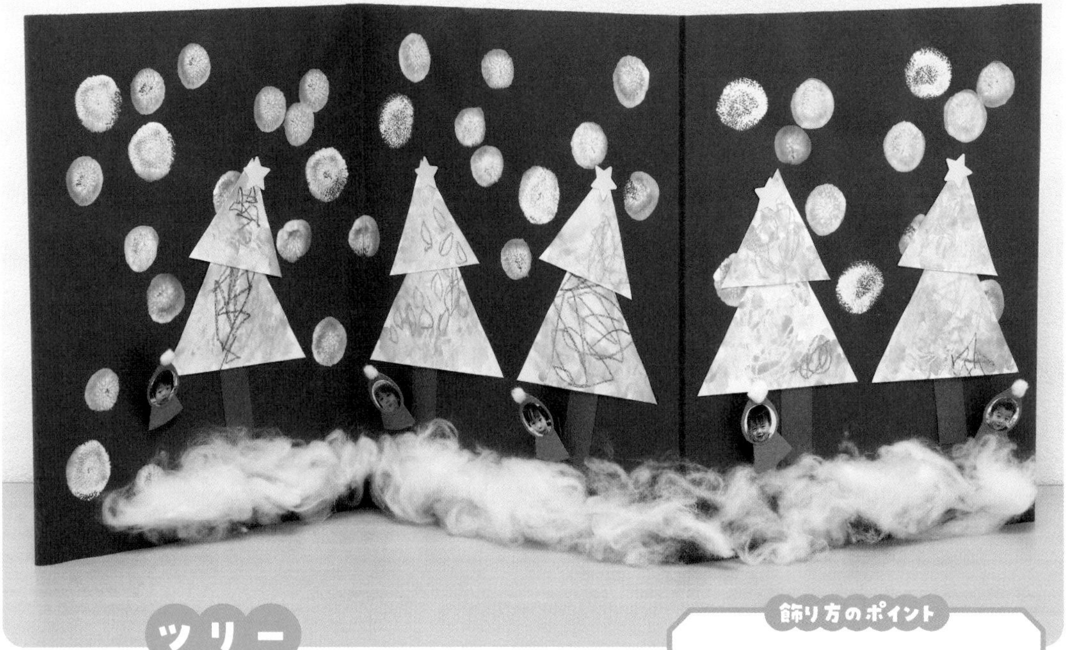

ツリー

飾り方のポイント

段ボール板を組み合わせて、屏風風に! 子どもと一緒に雪に見立ててタンポでスタンピングをしたり、綿を貼ったりすると、クリスマスらしい雰囲気になります。

準備物

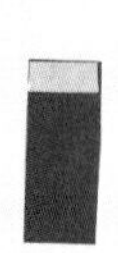

- 画用紙(三角形2枚:1枚の裏に両面テープを貼る)
- 色画用紙(星・幹:両面テープを貼る)

作り方

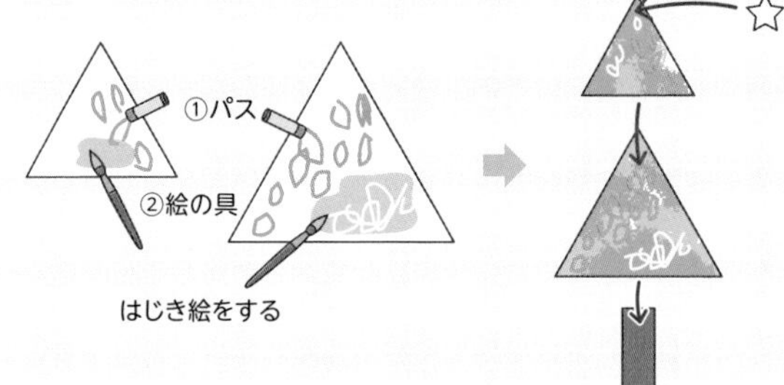

絵の具に親しむ

描く

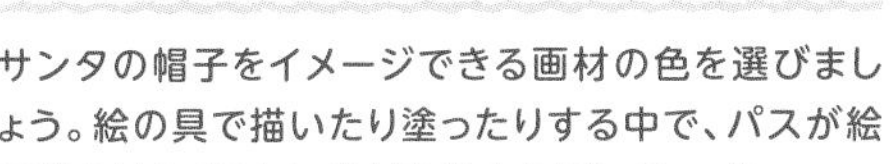

POINT

パスや絵の具で描くのを楽しむ

サンタの帽子をイメージできる画材の色を選びましょう。絵の具で描いたり塗ったりする中で、パスが絵の具をはじくことに気付けるようにしましょう。

準備物

- 画用紙(半円)
- ポンポン(毛糸)
- 平ゴム
- 保護シール

作り方

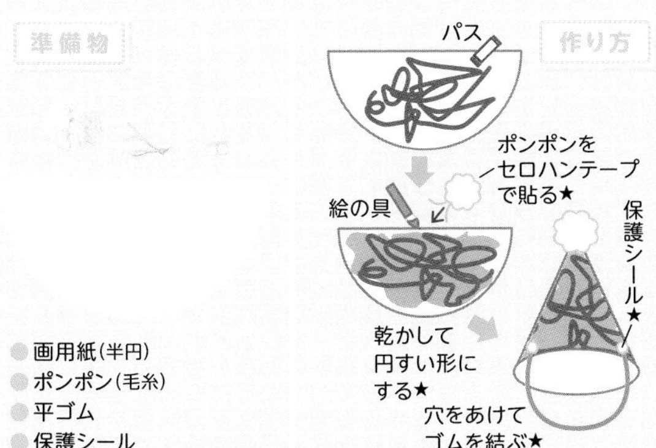

サンタ帽子

描く

貼る

LEVEL

リース

POINT

色画用紙の形をきっかけに

色画用紙のドーナツ形に興味をもてるように、ゆったりと形を確かめてから、シールを貼ったり描いたりすることを楽しみましょう。

準備物

- 色画用紙(土台、リボン)
- 丸シール
- リボン

作り方

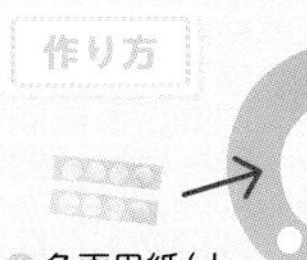

1. 色画用紙(土台)に丸シールを貼る。
2. ❶にペンで描く。
3. 色画用紙(リボン)を貼り、穴をあけてリボンを付ける。★

貼る

型紙：P.175

POINT

いろいろな貼り方で

のりや両面テープ、シールなど、いろいろな材料を使って貼ることを楽しみましょう。

ひな
はると
りん

サンタクロース・トナカイ

飾り方のポイント

周りに銀色紙やオーロラ色紙の雪の結晶を貼ると、きらびやかさがアップし、冬を感じられます。

準備物

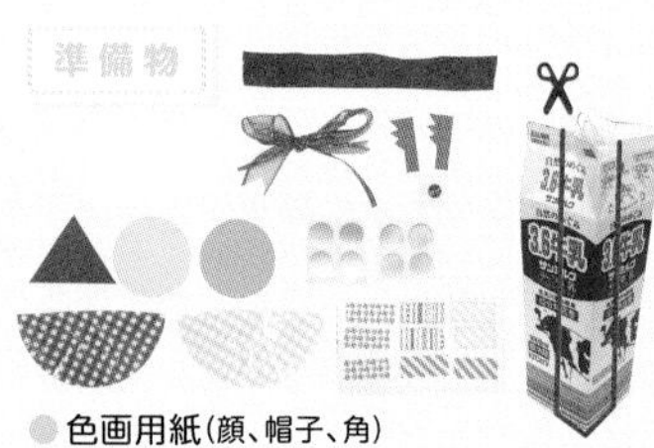

- 色画用紙（顔、帽子、角）
- おかずカップ（1/2）
- フラワーペーパー
- 丸シール（鼻、飾り：中）
- 紙パック（縦1/4に切る）
- マスキングテープ
- リボン

作り方

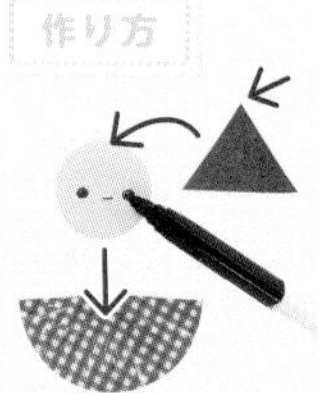

❶ 色画用紙（顔）に顔を描き、フラワーペーパーを丸めてのりで貼った色画用紙（帽子）を貼り、おかずカップに両面テープで貼る。

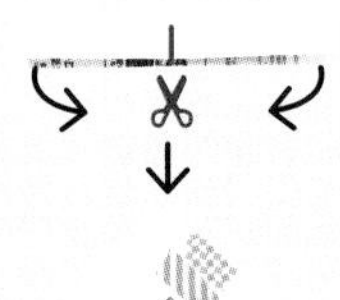

❷ 紙パックの中央に切り込みを入れ、L字になるように折り、マスキングテープで留める。★

❸ ❷にマスキングテープと丸シール（飾り）を貼り、❶を両面テープで貼る。

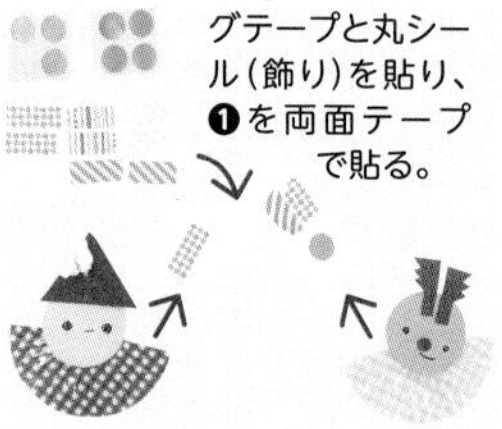

❹ リボンを付ける。★

POINT
作る過程を楽しむ

柄色紙の種類を選べるようにし、貼る位置を考えながら、かわいいサンタクロースができていく過程を楽しめるようにしましょう。

LEVEL ★★

貼る

- 紙皿（中央に丸形の色画用紙を貼り、半分に折る）
- 色画用紙（顔、帽子、ポンポン）
- 柄色紙

貼る

LEVEL ★★

ベル

POINT
立体物に貼る

片手でプラカップをしっかりと押さえ、シールやマスキングテープを貼りましょう。

準備物

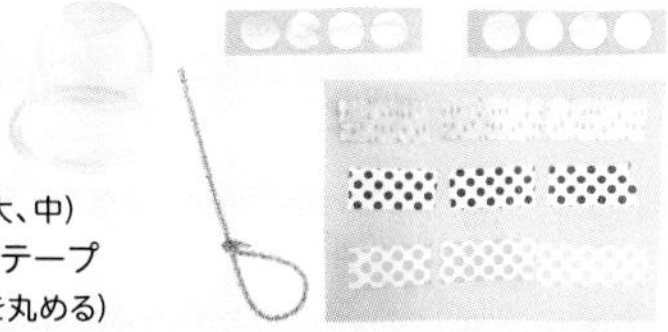

- プラカップ
- 丸シール（大、中）
- マスキングテープ
- モール（端を丸める）

作り方

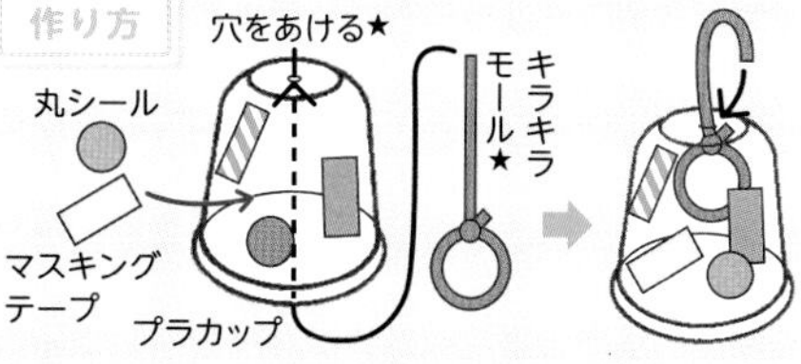

穴をあける★
丸シール
マスキングテープ
プラカップ
キラキラモール★

感触を楽しむ

型紙：P.176

プレゼント

POINT

いろいろな材料に触れ、組み合わせを楽しむ

いろいろな材料の感触を確かめながら、自分なりの活動を見つけて作ることを楽しみましょう。

飾り方のポイント

それぞれの子どもたちが、楽しんだ跡やこだわりがしっかりと見えるように飾りましょう。

プレゼントBOX

準備物

- お菓子の空き箱（コの字に切り込みを入れる）
- レースペーパー2枚（1枚には、「メリークリスマス」と書く）
- 丸シール
- リボン
- 画用紙（空き箱を巻ける長さ）

作り方

1. 画用紙にペンでなぐり描きをする。
2. レースペーパーに丸シールを貼る。
3. お菓子の空き箱に❶、❷、リボンを貼る。★

プレゼント

準備物

- 切り込みを入れたペーパー芯（1/2）
- マスキングテープ
- 丸シール
- アルミホイル
- アイスクリーム用の木のスプーン
- ボトルキャップ
- 色画用紙（丸形）
- フラワーペーパー
- アルミカップ

作り方

1.

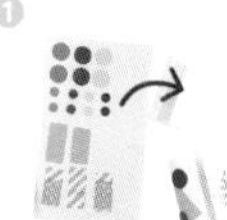

ペーパー芯に丸シールやマスキングテープを貼る。

フラワーペーパーを丸めて、色画用紙に貼る。

アルミホイルを丸めたり、木のスプーンやボトルキャップを包んだりする。

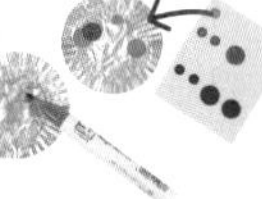

アルミカップに油性ペンでなぐり描きをしたり、丸シールを貼ったりする。

2. プレゼントBOXに❶を詰める。

 ★は、保育者の工程です。

描く 感触を楽しむ

LEVEL ★★

POINT
材料の感触を楽しんで

フラワーペーパーや緩衝材の感触に興味をもてるようにしましょう。

準備物

- クリアフォルダー（三角形）
- 段ボール板（三角形に切り、三角形に切り抜く）
- フラワーペーパー（1/6）
- 緩衝材（1/2）
- 色画用紙（星）
- 紙コップ（口の両端に切り込みを入れる）

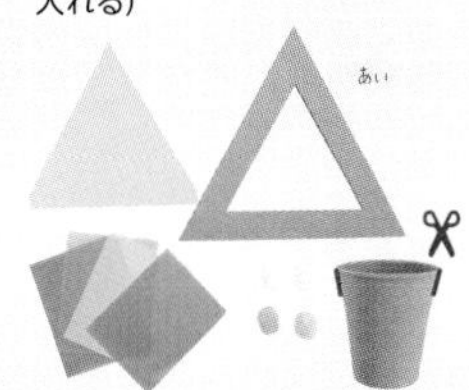

作り方

1. クリアフォルダーに油性ペンでなぐり描きをする。
2. 段ボール板の裏面に❶を貼る。★
3. 段ボール板に緩衝材と丸めたフラワーペーパーをのりで貼る。
4. 色画用紙を❸に貼り、紙コップに差し込む。★

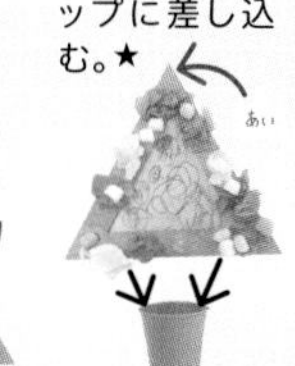

ツリー

感触を楽しむ 貼る

LEVEL ★★★

リース

POINT
トイレットペーパーをちぎったり丸めたり

トイレットペーパーのふわふわとした感触を楽しみ、ちぎったり丸めたりしながら傘袋に入れることを楽しみましょう。

準備物

- トイレットペーパー
- 傘袋
- リボン
- 柄色紙（両端に両面テープを貼り、帯状に切る）
- 丸シール（大、中）

作り方

1. 傘袋にトイレットペーパーを入れる。

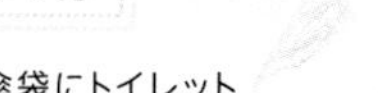

2. ❶の先端を結び、輪にしてテープで留める。★

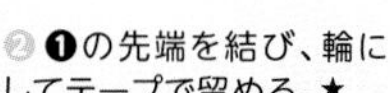

3. 柄色紙と丸シールを貼る。

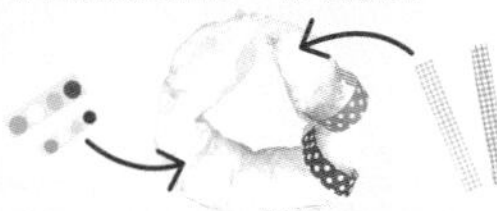

4. リボンを付ける。★

絵の具に親しむ

POINT

デカルコマニーで絵の具の感触や色合いを楽しむ

絵の具の付け方によっていろいろな模様になります。開いたときの模様をゆったりと楽しめるように関わりましょう。

ツリー

準備物

- 色画用紙(三角形2枚:1枚は折り筋を付ける、星)
- ペーパー芯

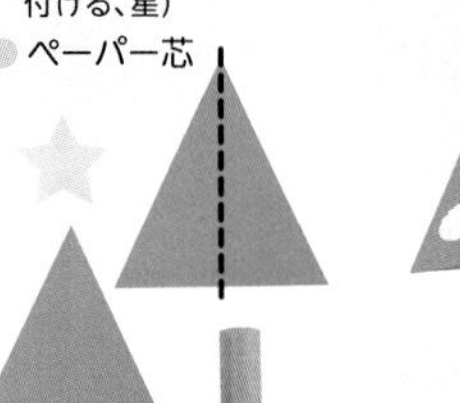

作り方

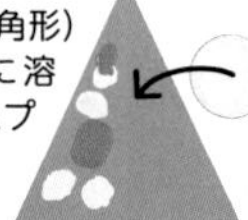

❶ 色画用紙(三角形)1枚に濃いめに溶いた絵の具をスプーンでのせる。

❷ ❶の折り筋に沿って折り、ゆっくりと広げる。

❸ ❷をしっかり乾かしてもう1枚の色画用紙(三角形)をポケット状になるように両面テープで貼る。上部に色画用紙(星)、ポケット部分にペーパー芯を入れて貼る。★

POINT

スタンピングのリズムを楽しむ

タンポでリズミカルにスタンピングを楽しみます。「トントン」など、子どもの活動に合わせて言葉を添えましょう。

絵の具に親しむ

型紙:P176

ブーツ

準備物

- 色画用紙(ブーツ形)
- タンポ(ガーゼで包んだスポンジに割り箸を差して輪ゴムで留める)
- レースペーパー
- リボン

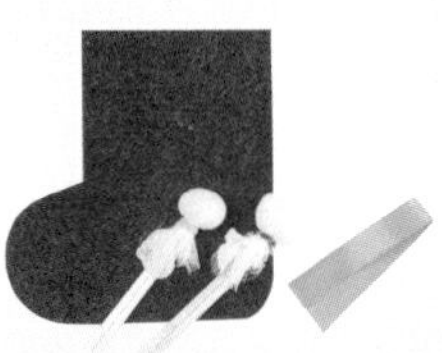

作り方

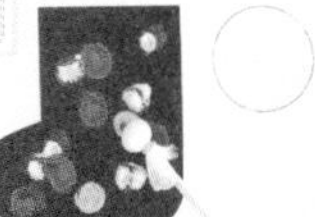

❶ タンポに絵の具を付けて、スタンピングをする。

❷ レースペーパーを貼る。

❸ リボンを付ける。★

 ★は、保育者の工程です。

描く 通す

POINT
硬いひも（モール）に通す

LEVEL ★★

手元をよく見ながら、ストローや色画用紙をモールに通すことを楽しみましょう。

オーナメント

準備物

- モール（ひも通し用、掛ける用）
- 色画用紙（大・小：ピンキングばさみで丸形に切り、小は中央に穴をあける）
- ストロー（短く切る）

作り方

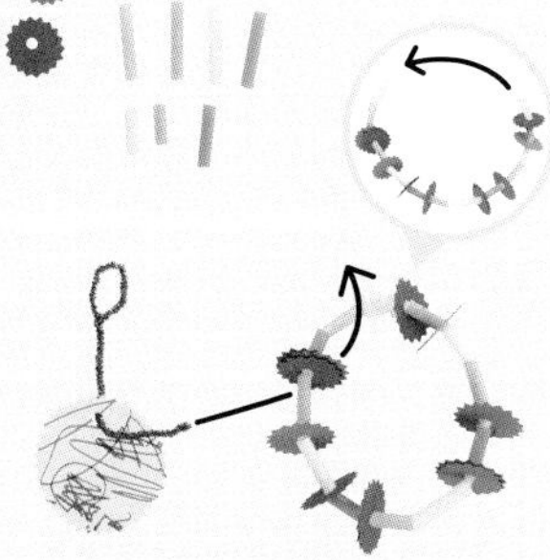

1. モール（ひも通し用）に色画用紙（小）とストローを通す。
※モールの片端を輪にする。
2. 色画用紙（大）になぐり描きをする。
3. ❶を輪にし、色画用紙（大）に穴をあけてモール（取っ手用）でつなぐ。★

通す

LEVEL ★★★

型紙：P.176

POINT
いろいろな穴を見つけて通す

まずは、土台となるペットボトルに穴があいているのを確かめることから始めましょう。ストローやモールなど、素材によって通すときの感触の違いに気付けるようにしましょう。

オーナメント

準備物

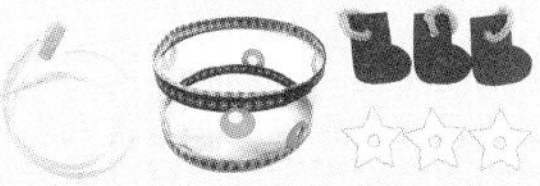

- ペットボトル（輪切りにして切り口をマスキングテープで保護し、丸シールを貼って穴をあける）
- 色画用紙（星・葉：穴をあける、ブーツ：穴をあけてモールを通して輪にする）
- ストロー（短く切る）
- リボン（片端はストローを結び、もう片端をセロハンテープで細くする）

作り方

1. ペットボトルの穴にリボンを通す。
2. ❶に色画用紙、ストローを通す。
※リボンが短くなったら保育者が玉止めをして抜けないようにする。次のリボンを渡し、繰り返しひも通しをする。

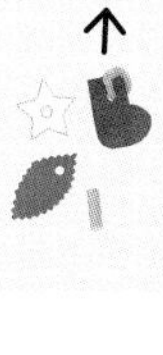

描く 貼る

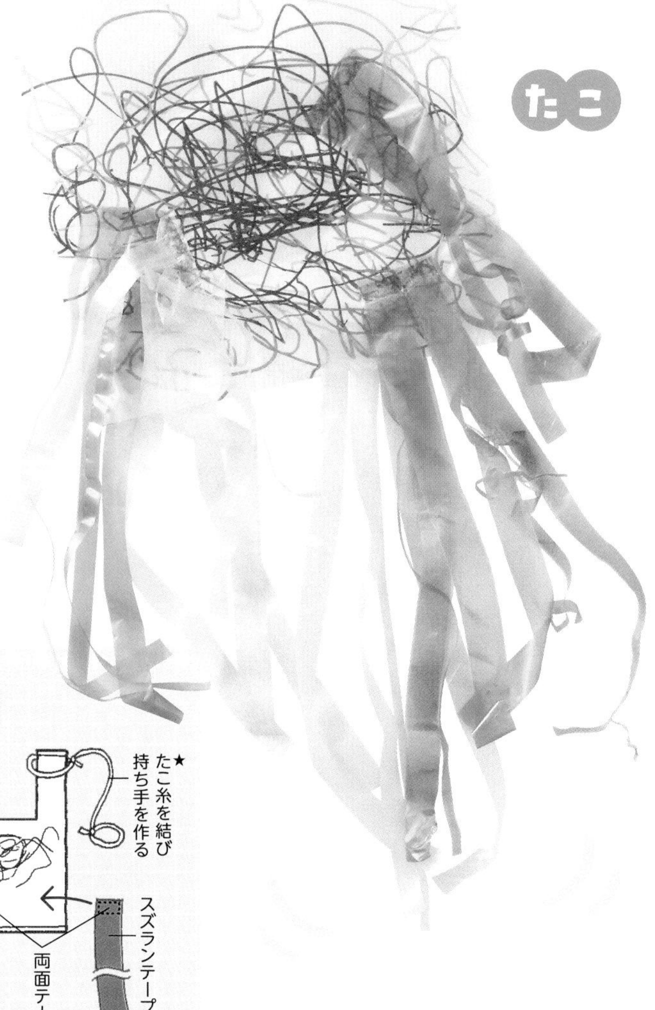

たこ

ビニール素材に描く

レジ袋に描いたときのスルスルとした感覚を味わい、ペンで描くことを楽しめるようにしましょう。

準備物

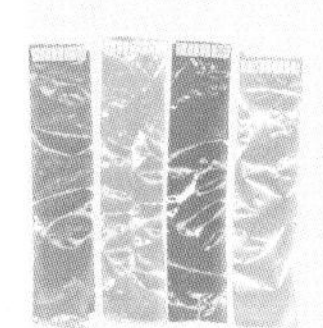

- レジ袋
- スズランテープ
  (片端に両面テープを貼る)
- たこ糸

作り方

レジ袋

油性ペン

裂く

両面テープ

スズランテープ

★たこ糸を結び持ち手を作る

絵の具に親しむ

POINT
画用紙の形を確かめて

画用紙のだるまの形（曲線）を確かめることから始め、いつもと違う形の紙に描くことを楽しみましょう。

型紙：P.176

年賀状

- はがき
- 画用紙（だるま）
- 色画用紙（顔）
- 千代紙

❶ 画用紙にパスでなぐり描きをし、絵の具を塗る。

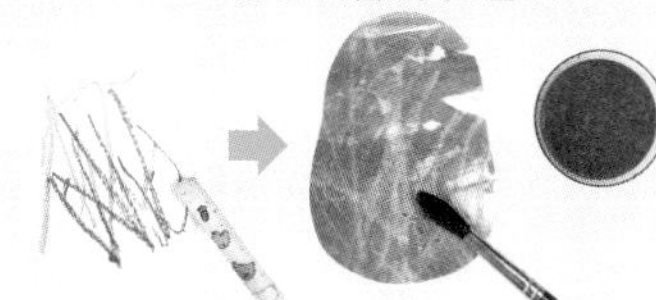

❷ 色画用紙にペンで顔を描き、❶に貼る。

❸ はがきに千代紙と❷を貼る。

描く

絵の具に親しむ

LEVEL

POINT
パスがはじくことを楽しむ

パスで描くことを楽しみ、上から絵の具を塗るとパスをはじくことに気付けるように関わりましょう。

トラ

準備物

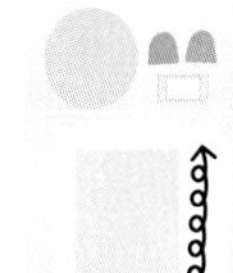

- 紙パック（1/2）
- 画用紙（体：四ツ切りを1/6に切って、両端に両面テープを貼る）
- 色画用紙（顔、耳）
- フラワーペーパー（モールに巻き付ける）
- ビニールテープ

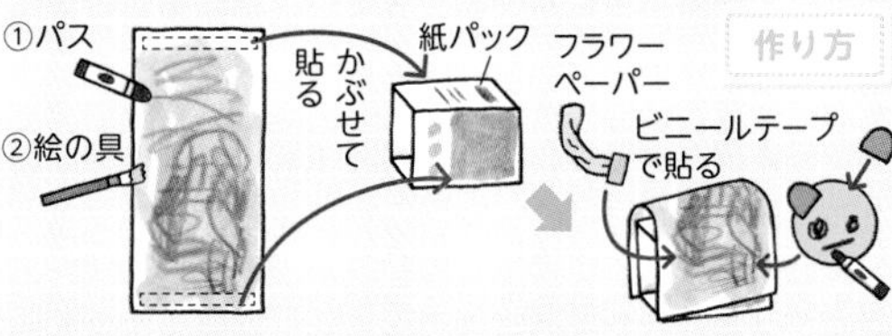

貼る

POINT

マスキングテープをきっかけに

色画用紙の中央に貼っているマスキングテープをきっかけに、シール貼りを楽しみましょう。

羽子板

難易度CHANGE

LEVEL

丸シールの形や大きさを変えて

丸シールを半分に切ったり、小さなサイズを用意したります。大きさや形の違うシールの組み合わせを楽しめるようにしましょう。

準備物

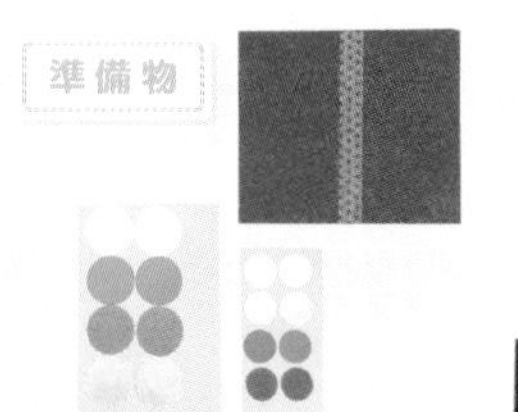

● 土台　● 丸シール(特大、大)
● 色画用紙(中央にマスキングテープを貼る)

土台

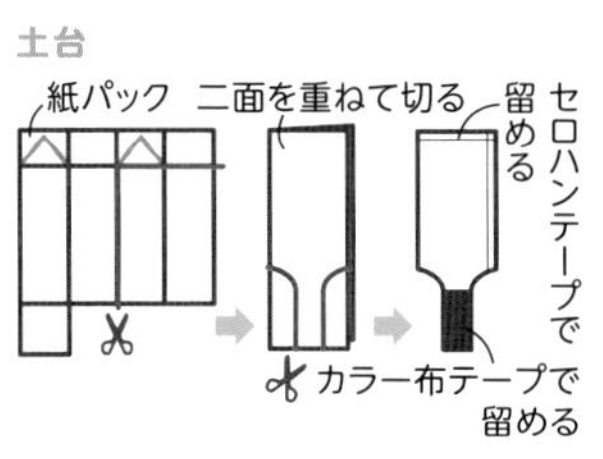

作り方

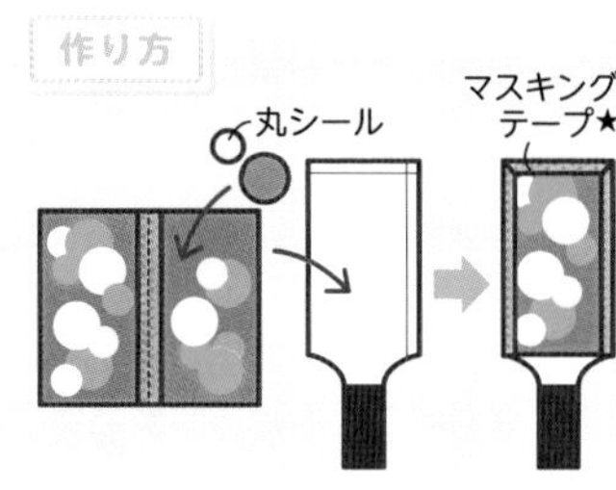

POINT

いろいろな形の紙を貼る

両面テープで、四角や松、梅などいろいろな形の小さな紙を貼ることを楽しみましょう。

描く 貼る

型紙：P.176

しめ縄飾り

準備物

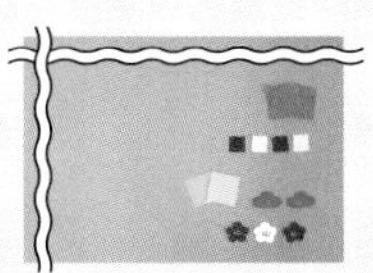

- 色画用紙（土台：四ツ切りサイズ、飾り：梅、松、四角形）
- 色紙（飾り）

※飾りは、裏に両面テープを貼る。

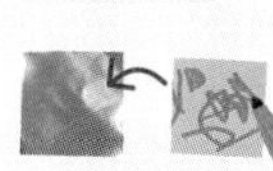

作り方

1. 色画用紙にペンで描き、両面テープで色紙に貼る。
2. 色画用紙（土台）をもんでねじり、輪にしてビニールテープで留める。★
3. ❷に色画用紙（飾り）、❶を貼る。

貼る

型紙：P.177

置き飾り

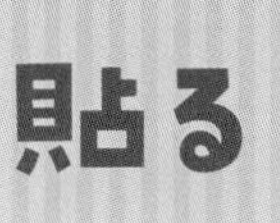

POINT

細い物にシールを貼る

水引きのような線状の物にシールを貼り合わせることに挑戦してみましょう。

準備物

- 土台
- 千代紙
- リボン
- 丸シール（特大、大）
- 水引き
- 色画用紙（帯状：土台に巻ける長さ、羽子板・羽根：裏に水引きを貼る）

土台

テープで連結したボトルキャップ

段ボール板

巻き付ける

作り方

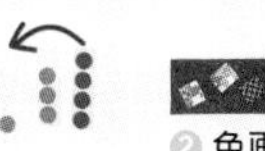

1. 水引きに、丸シールを2枚表と裏で貼り合わせる。色画用紙（羽子板）に丸シールを貼る。
2. 色画用紙（帯状）に千代紙を貼る。
3. 土台に❷を貼ってリボンを結ぶ。★
4. ❶を土台の隙間に差し込む。

感触を楽しむ　貼る

起き上がりこぼし

POINT

フラワーペーパーの形の変化に気付く

フラワーペーパーを握ったり丸めたりすると小さくなっていくことを感じながら、入れていきましょう。完成したら、コロコロ転がして遊んでみましょう。

準備物

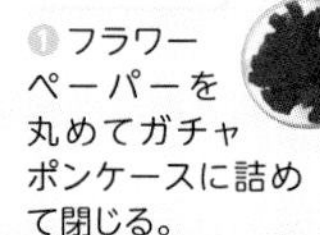

- 千代紙
- 紙コースター
- ガチャポンケース
- 丸シール(目、口)
- フラワーペーパー
- マスキングテープ
- アルミホイルで包んだ油粘土(ガチャポンケースの内側にセロハンテープで貼って固定しておく)

作り方

1. フラワーペーパーを丸めてガチャポンケースに詰めて閉じる。
2. ❶に丸シールとマスキングテープを貼る。また、紙コースターに千代紙をのりで貼る。

感触を楽しむ　貼る

LEVEL ★★

もち

POINT

紙粘土の感触を楽しむ

紙粘土を握ったり引っ張ったり丸めたりしながら、フワフワとした感触を存分に楽しめるようにしましょう。

準備物

- 紙粘土(大・小の塊に分ける)
- フラワーペーパー(1/6)
- 丸シール
- 三方(周りに両面テープを貼る)
- 千代紙

三方

段ボール板を2枚合わせて木工用接着剤で立てて貼る

作り方

1. 紙粘土を握ったり丸めたりする。
2. フラワーペーパーを丸める。
3. ❷に保育者がマスキングテープを貼り、子どもが丸シールで挟む。
4. 三方に千代紙を貼る。
5. ❶と❸を木工用接着剤で固定し、❹にのせる。

絵の具に親しむ

2色の土台にスタンピング

2色の色画用紙が、スタンピングのきっかけになります。
スタンプ跡の色の見え方の違いも楽しみましょう。

準備物

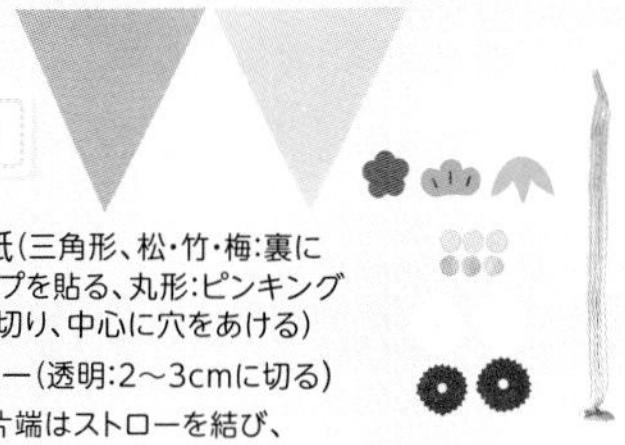

- 色画用紙（コマ）
- スタンプ（段ボール板を巻く、プラカップ、乳酸菌飲料の空き容器）
- ストロー

作り方

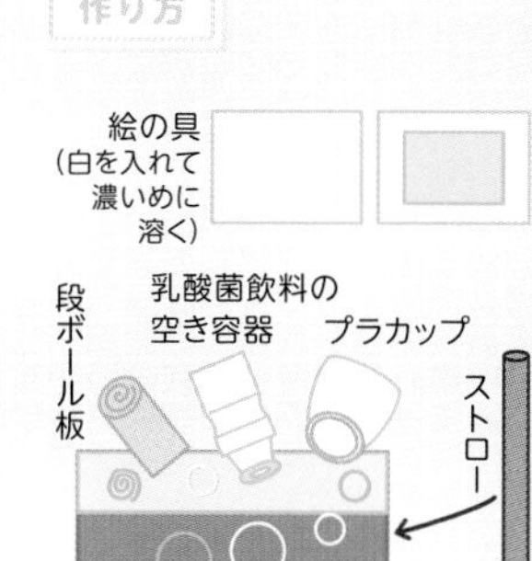

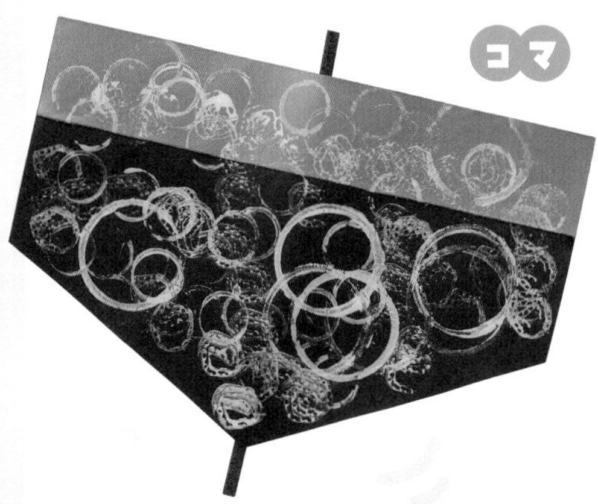

通す 貼る

LEVEL

POINT

通したり貼ったり

型紙：P.176

穴を見つけてリボンにシュッと通す遊びを楽しんだり、形や質感の違う素材をどう組み合わせるかを考えたりすることを楽しみましょう。

あけましておめでとう

準備物

- 色画用紙（三角形、松・竹・梅：裏に両面テープを貼る、丸形：ピンキングばさみで切り、中心に穴をあける）
- 太ストロー（透明：2～3cmに切る）
- リボン（片端はストローを結び、もう片端はセロハンテープを巻く）
- 丸シール（中）

作り方

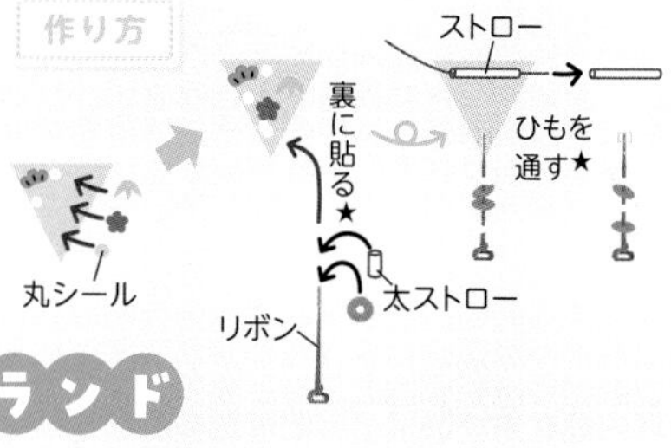

丸シール
裏に貼る★
リボン
太ストロー
ストロー
ひもを通す★

ガーランド

作って 遊んで

楽しい正月遊び

入れて倒して だるま落とし風

筒にボトルキャップを入れて…

ガッシャーン

倒すのが楽しい!

筒にボトルキャップを入れて筒を外し、積み上がったボトルキャップをバーン! と倒すのが楽しい遊びです。倒すときにビーズが鳴って、繰り返し遊びたくなりますよ。

準備物

- ボトルキャップ
- ビーズ
- マスキングテープ
- ラミネートシート
- 千代紙
- フラワーペーパー
- セロハン

作り方

子ども

千代紙、フラワーペーパー、セロハンなどをラミネートシートに挟む。
※保育者がラミネートをし、ボトルキャップが入る程度の筒状にする。

保育者

ボトルキャップにビーズを入れ、別のボトルキャップで蓋をし、セロハンテープで留めてからマスキングテープを巻く。

入れたり振ったり

けん玉を持って振ると持ち手のビーズがカシャカシャ鳴っておもしろい♪ 振って遊んでいるうちに玉が入ると喜ぶ姿が見られますよ。

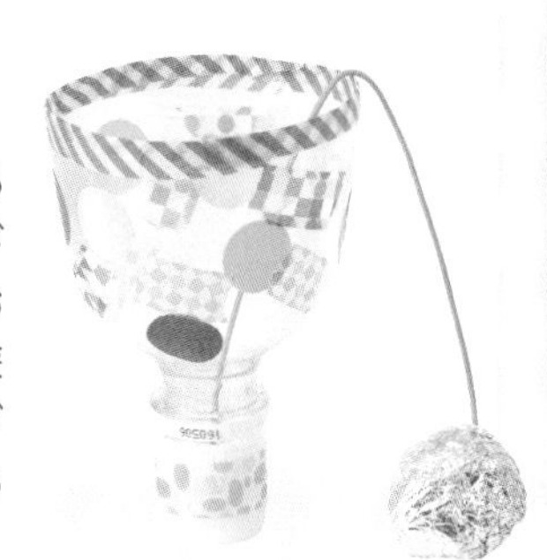

ペタペタけん玉

準備物

- ペットボトル(1.5ℓ)の上部(切り口をマスキングテープで保護する)
- ボトルキャップ
- マスキングテープ
- 丸シール(大)
- カラーゴム
- 新聞紙
- アルミホイル
- ビーズ

作り方

押したり伸ばしたり

おもちを押すと跳ね返ってきたり、引っ張ると伸びたり、おもちつきの気分を味わいながら楽しみましょう。

おもちつき

準備物

- マスキングテープ
- 丸シール
- 色画用紙(帯状2本)
- 厚紙(もち)
- 紙コップ

作り方

じゃばら折り★

丸シール
厚紙
紙コップ
貼る★
マスキングテープ
丸シール

LEVEL ★★★

POINT
いろいろな形の画用紙に描く

ペンの模様が、鬼の服のようになります♪ 帯状や角の形など、違った形の色画用紙に描くことを楽しみましょう。

準備物

- 紙パック（底部分、帯状:2本）
- 色画用紙（帯状、顔:裏に両面テープを貼る、角）
- 丸シール（目、口、飾り:大）

作り方

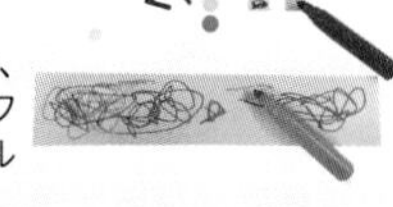

❶ 色画用紙（帯状、角）に描く。紙パック（帯状）に丸シール（飾り）を貼る。

❷ 紙パック（底部分）に色画用紙（帯状）を巻いて貼り、紙パック（帯状）を持ち手になるように布テープで貼る。★

❸ 色画用紙（顔）に丸シール（目、口）、色画用紙（角）を貼って、❷に貼る。

POINT
色に興味をもつ

水を入れたペットボトルを振ると色が変わったり、ペンの模様が水でにじんだりする変化を見て、色に興味をもてるようにしましょう。

LEVEL ★★

準備物

- 画用紙（顔、目）
- 色画用紙（角、口、パンツ:帯状）
- ビニールテープ
- 水を入れたペットボトル（ボトルキャップに絵の具を付ける）

作り方

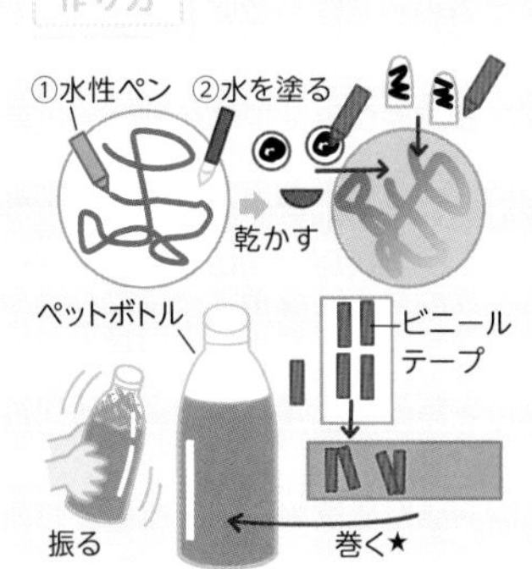

描く

LEVEL ★

POINT

1色のペンで描く

1色の水性ペンを使い、描くこと自体を楽しめるようにします。水で描いた所がにじんでいくことに気付けるようにしましょう。

振ると、音が鳴って、目が動くよ！

鬼のブレスレット

難易度CHANGE

ペンの色数を増やす

水性ペンを2～3色使いましょう。描くときに色を選んだり、にじみ絵をしたときに色が混ざることに気付いたりし、色に興味をもつことにつながりますよ。

準備物

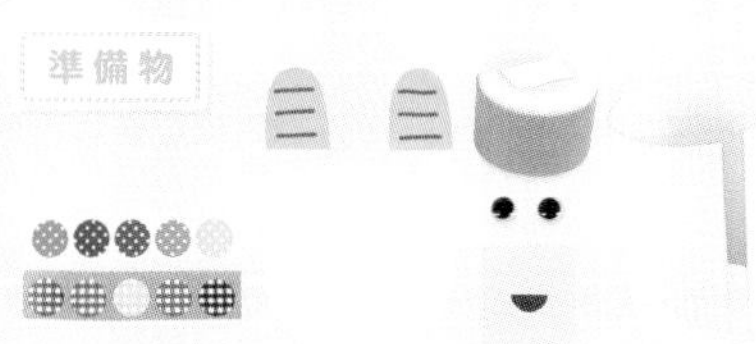

- ペーパー芯（1/2に切り、縦に切り込みを入れる）
- 画用紙（顔）
- 色画用紙（ツノ）
- ボトルキャップ（中に大豆を入れて連結させ、セロハンテープ・ビニールテープで巻き、上下に両面テープを貼る）
- 目玉シール
- 丸シール（口）
- 柄丸シール（大）

作り方

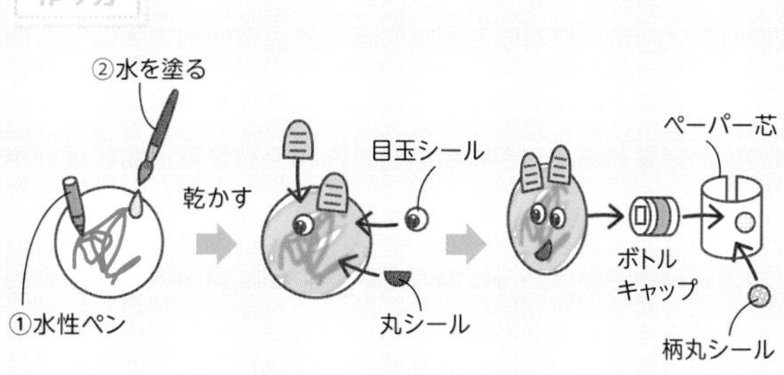

貼る

LEVEL ★★

POINT

色や形が違う材料を組み合わせる

丸シールやマスキングテープの、色や形の違う材料の組み合わせを楽しみましょう。

鬼の帽子

準備物

- 色画用紙(約20×45㎝の長方形)
- マスキングテープ
- 丸シール(大)
- フラワーペーパー
- ビニールテープ

作り方

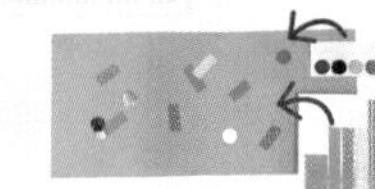

❶ 色画用紙にマスキングテープや丸シールを貼る。

❷ 色画用紙の下部分を折り返し、筒状にする。上部を重ねて貼り、端をとがらせ、ビニールテープで巻く。★

❸ ❷の折り返し部分にフラワーペーパーを丸めてのりで貼る。

POINT

貼ったり剝がしたり

LEVEL ★

貼る

チャック付きポリ袋は、シールを貼ったり剝がしたりできます。
貼る活動を満足できるまで繰り返し楽しみましょう。

準備物

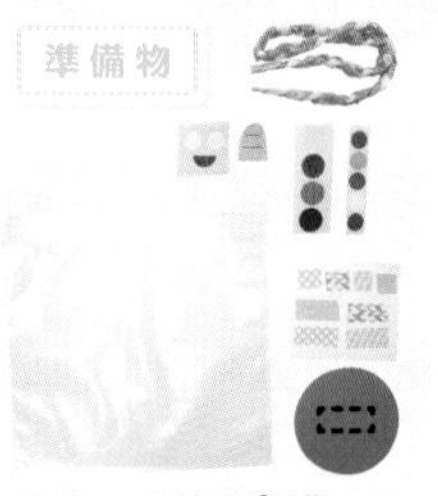

- チャック付きポリ袋
- 色画用紙(顔:裏に両面テープを貼る、角)
- 丸シール(目、口、飾り)
- マスキングテープ
- スズランテープ(持ち手用:3本で編む)

作り方

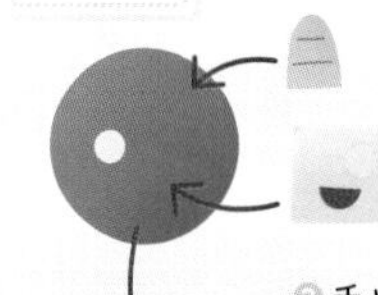

❶ 色画用紙(顔)に丸シール(目、口)、色画用紙(角)を貼る。

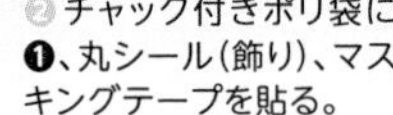

❷ チャック付きポリ袋に❶、丸シール(飾り)、マスキングテープを貼る。

❸ ❶の上から透明テープを貼る。チャック付きポリ袋の両側面にパンチで穴をあけ、スズランテープを付ける。★

鬼のバッグ

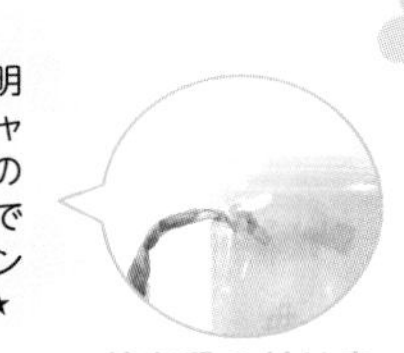

持ち手の付け方

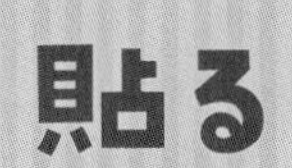

ユラユラ鬼

POINT
紙皿にシールを貼る

紙皿の形をきっかけに、シール貼りを楽しみましょう。

飾り方のポイント

半分に折った紙皿で、鬼がゆらゆらと揺れて楽しい置き飾りになります。

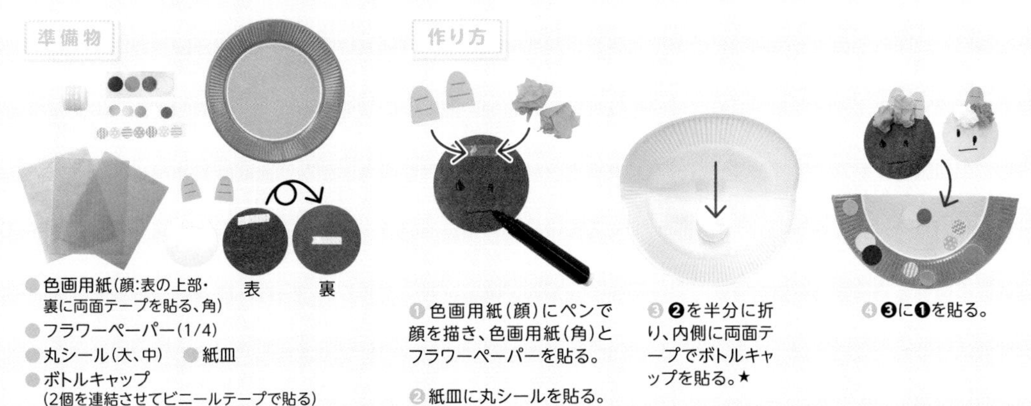

準備物

- 色画用紙(顔:表の上部・裏に両面テープを貼る、角)
- フラワーペーパー(1/4)
- 丸シール(大、中)
- 紙皿
- ボトルキャップ(2個を連結させてビニールテープで貼る)

作り方

1. 色画用紙(顔)にペンで顔を描き、色画用紙(角)とフラワーペーパーを貼る。
2. 紙皿に丸シールを貼る。
3. ❷を半分に折り、内側に両面テープでボトルキャップを貼る。★
4. ❸に❶を貼る。

絵の具に親しむ　感触を楽しむ

POINT
袋越しに伝わる感触を楽しむ

チャック付きポリ袋の上から絵の具を指で触ったり、手のひらで押したりして、手指から伝わる感触や色の変化を楽しみましょう。

＼難易度CHANGE／

フラワーペーパーを貼る

チャック付きポリ袋の上部に両面テープを貼っておき、フラワーペーパーを貼りましょう。絵の具の色が混ざり合う様子をじっくりと楽しみましょう。

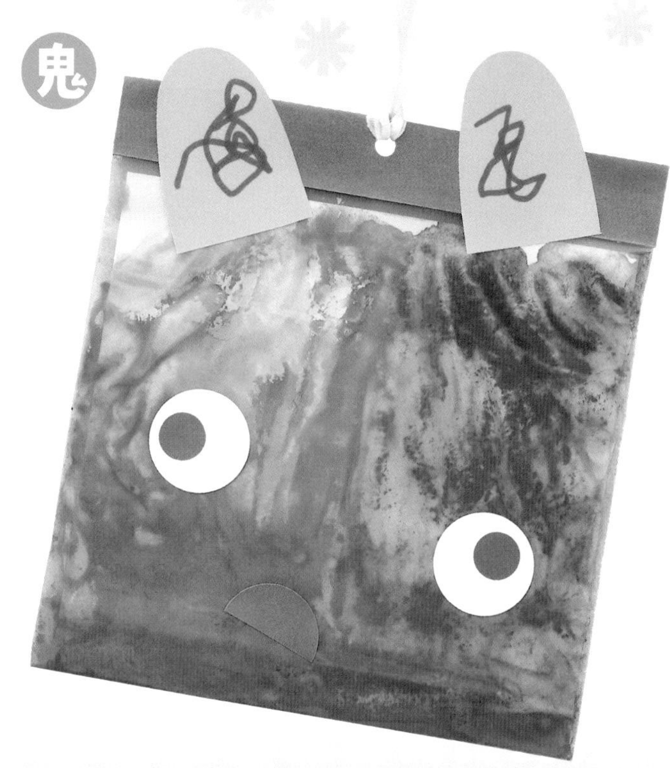

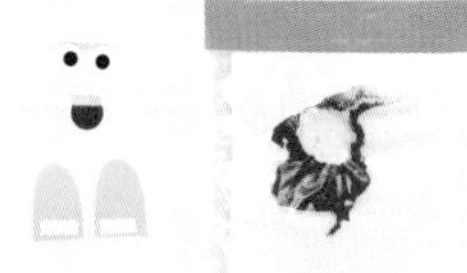

- 土台
- 色画用紙（角：裏に両面テープを貼る）
- 丸シール（目、口）

土台

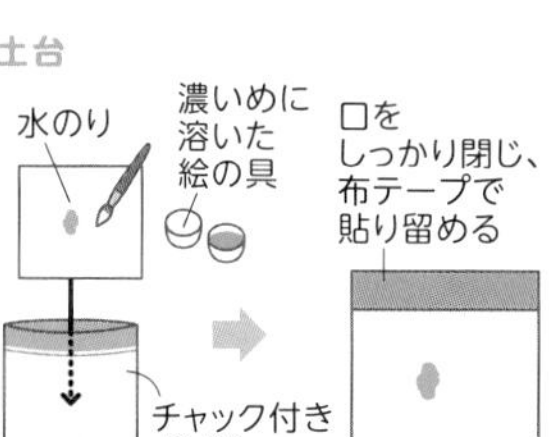

作り方

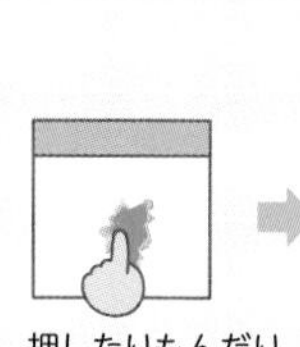

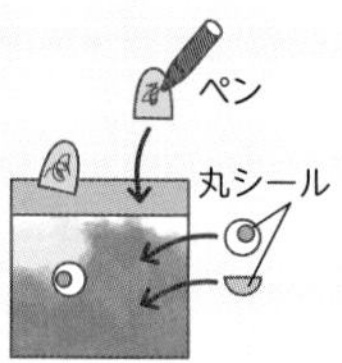

絵の具に親しむ 描く

POINT
筆で描く

絵の具を筆で描いたり塗ったりしてみましょう。絵の具は数色用意し、色を選べるようにすると楽しめます。

準備物

- 色画用紙（約20×45㎝の長方形、目、口、角）
- 輪ゴム

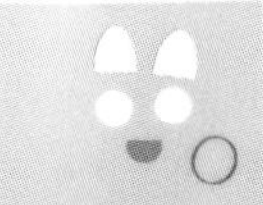

作り方

❶ 縦半分に折った色画用紙（長方形）に絵の具で描いたり塗ったりする。

❷ 色画用紙（目、角）にパスで目や模様を描く。乾いた❶に色画用紙（目、口、角）を貼る。

❸ ❷の両端を折って輪ゴムを掛けてホッチキスで留める（上からセロハンテープで保護する）。★
※ホッチキスの針先は頭側にこないようにする。

鬼の冠

絵の具に親しむ

LEVEL

POINT
色や形に興味をもつ

デカルコマニーは一度して終わるのではなく、違う色の絵の具を上から付けて繰り返し楽しみましょう。画用紙は、子どものデカルコマニーの形に沿って切りましょう。

デカルコマニー鬼

準備物

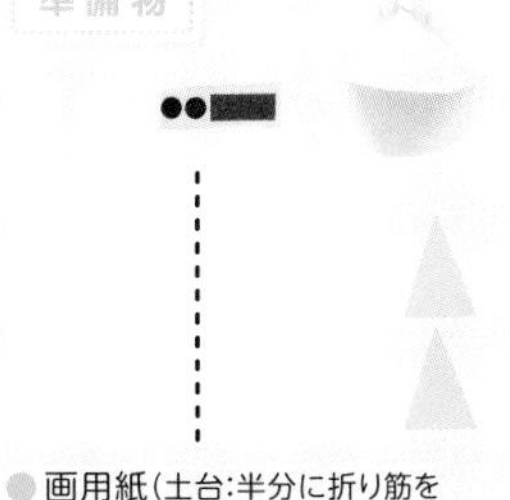

- 画用紙（土台：半分に折り筋を付ける、目：裏に両面テープを貼る）
- 色画用紙（角）
- 丸シール（黒目）
- ビニールテープ（口）
- 厚紙（ベルト）

作り方

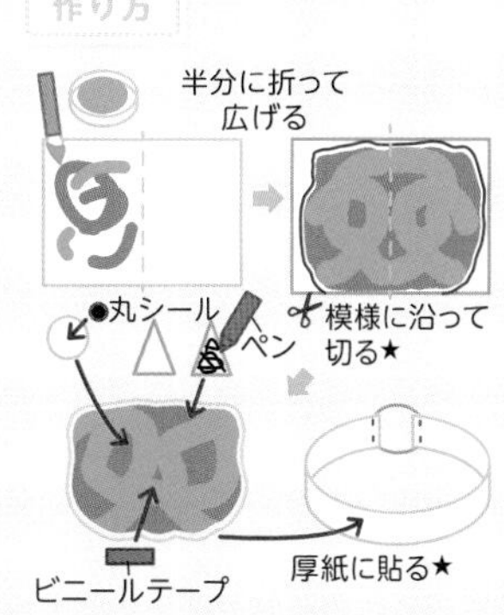

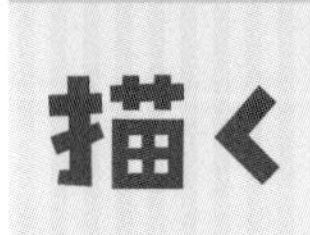

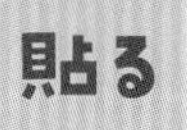

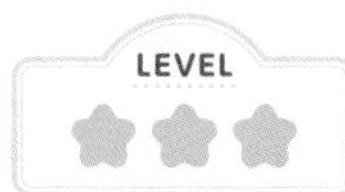

描く 貼る

LEVEL ★★★

型紙：P.177

POINT

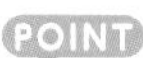

丸シールをきっかけに

自分で貼ったシールを仕掛けにして、お絵描きを楽しんでみましょう。

手袋

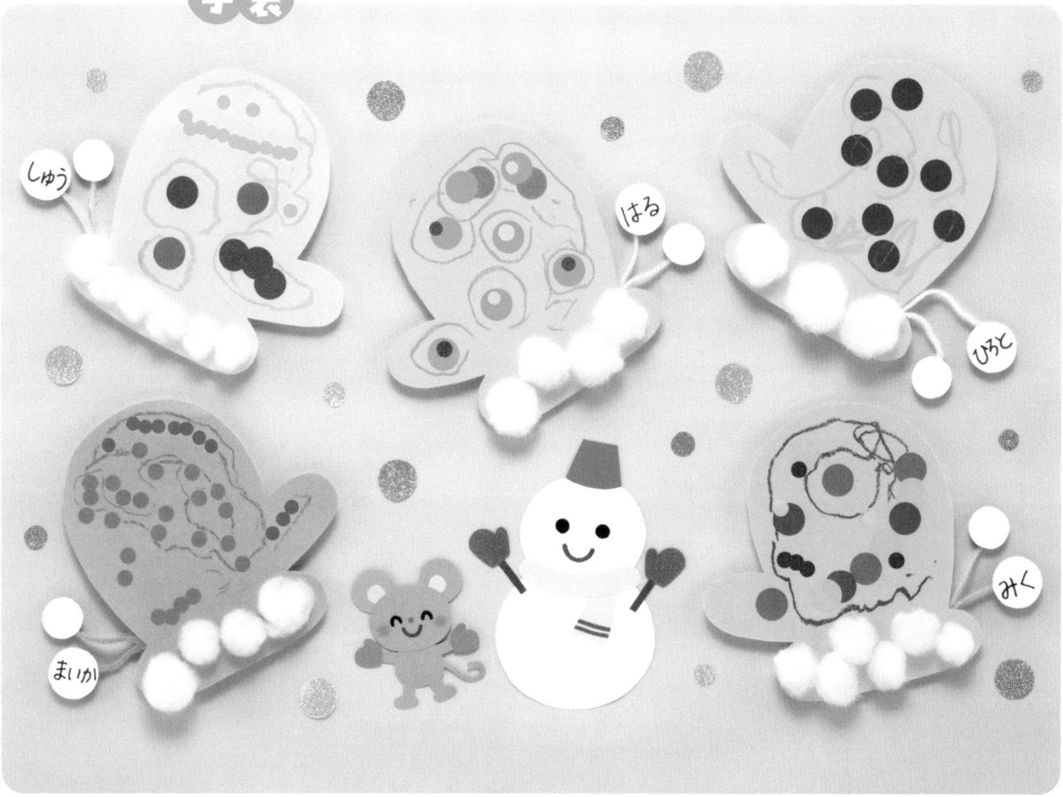

しゅう
はる
ひろと
まいか
みく

準備物

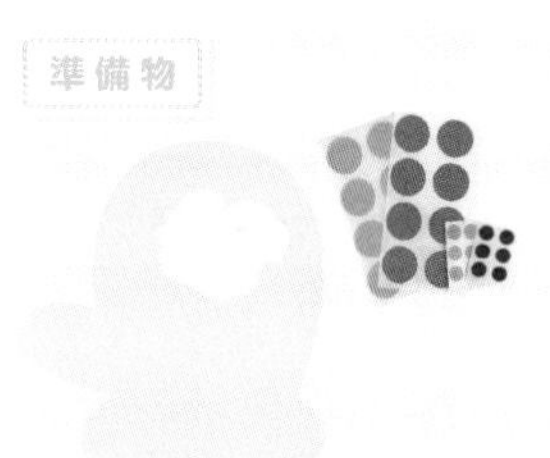

- 色画用紙（手袋）
- 丸シール（中、小）
- 綿

作り方

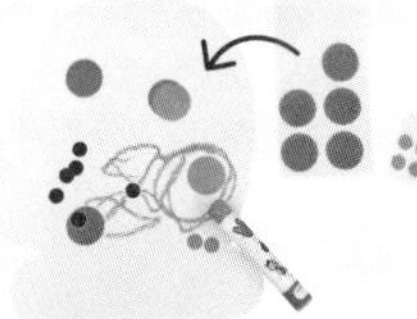

❶ 色画用紙に丸シールを貼って、パスで描く。

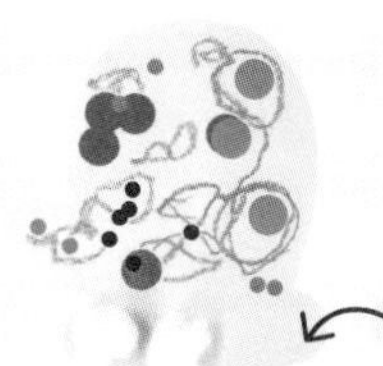

❷ 手首部分に両面テープを貼り、丸めた綿を貼る。

飾り方のポイント

作品の周りに、オーロラ色紙を散らすと、冬の雰囲気がぐんと上がります。

POINT
白のパスで描く

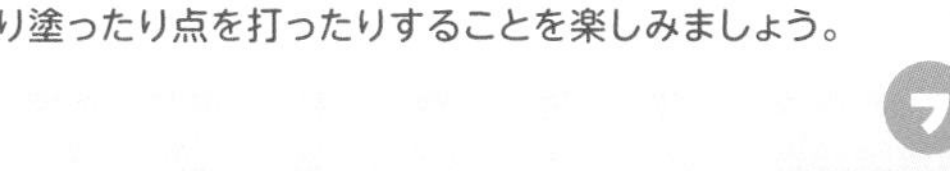

雪をイメージして丸を描くことを伝えるのではなく、「今日は雪のパスだよ」と、色から感じるイメージを伝え、描いたり塗ったり点を打ったりすることを楽しみましょう。

雪のフレーム

準備物

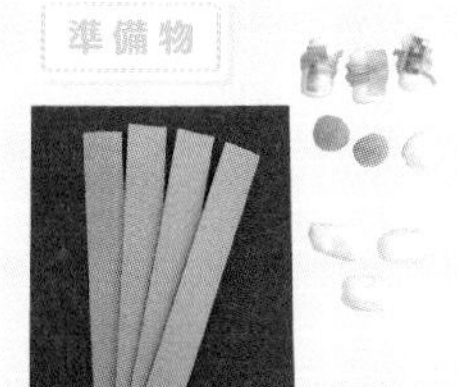

- 色画用紙(濃い色)
- 段ボール板(帯状4本)
- 緩衝材(いくつかは毛糸を巻く)
- デコレーションボール

作り方

1. 色画用紙にパスで描く。
2. 段ボール板に、緩衝材、デコレーションボールを木工用接着剤で貼る。
3. ❷を❶に貼る。★

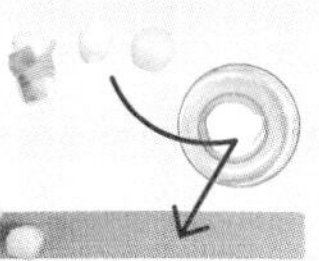

描く

マフラー

POINT
不織布に描く

不織布にパスで描いたときの、画用紙とは違う感触を味わいましょう。

準備物

- 不織布(帯状)
- 毛糸で作ったポンポン(2つ)
- 土台(台形の段ボール板に写真とリボンを貼る)

作り方

1. 不織布にパスでなぐり描きをする。

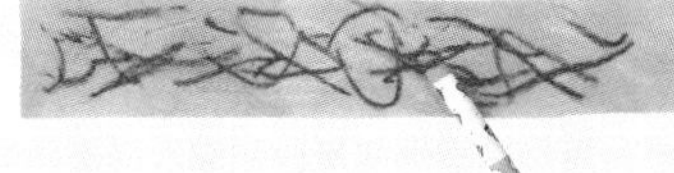

2. ❶の両端にポンポンを付け、土台に巻く。★

貼る

感触を楽しむ

型紙：P.178

LEVEL ★★

POINT

両面テープに貼る

両面テープが貼ってある部分に、いろいろな素材がくっ付くことを楽しみましょう。

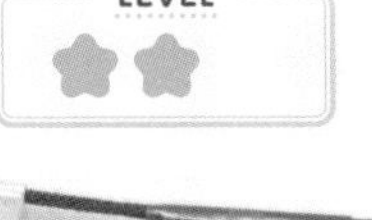

雪だるま

飾り方のポイント

ストローにひもを通してつり飾りにし、スズランテープがひらひらとなびくことも楽しめるようにしましょう。

準備物

- 画用紙（丸形：大、小）
- 色画用紙（帽子）
- 丸シール（目、口）
- 柄色紙（丸形）
- スズランテープ（片端にストローを巻き付け、中央に両面テープを貼る）
- 緩衝材
- 綿棒

十字にして中央をマスキングテープで留める。その上に1本綿棒を置いて中央をマスキングテープで留める。

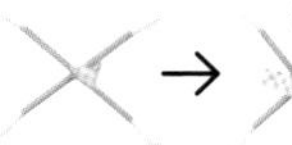

- フラワーペーパー（1/4、1/8）

作り方

❶（色）画用紙（丸形）を組み合わせ、丸シール、柄色紙、色画用紙（帽子）を貼る。

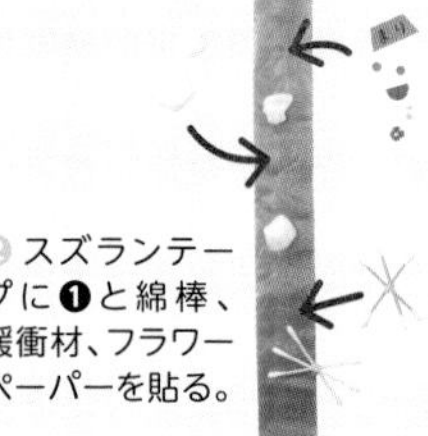

❷スズランテープに❶と綿棒、緩衝材、フラワーペーパーを貼る。

貼る

POINT

色から感じるイメージを大切に

材料を寒色でそろえ、色から冷たいイメージを感じられるようにします。大きさや形が異なるシールやテープを繰り返し貼ることを楽しみましょう。

準備物

- クリアフォルダー(丸形:大、中、小)
- 丸シール(中、小)
- モール
- マスキングテープ

作り方

1. クリアフォルダーに丸シールとマスキングテープを貼る。
2. 穴をあけてモールでつなげる。★

貼る

感触を楽しむ

型紙:P.178

POINT

適量ののりを付けて貼る

具材に見立てた色画用紙を適量ののりで繰り返し貼ることを楽しみましょう。

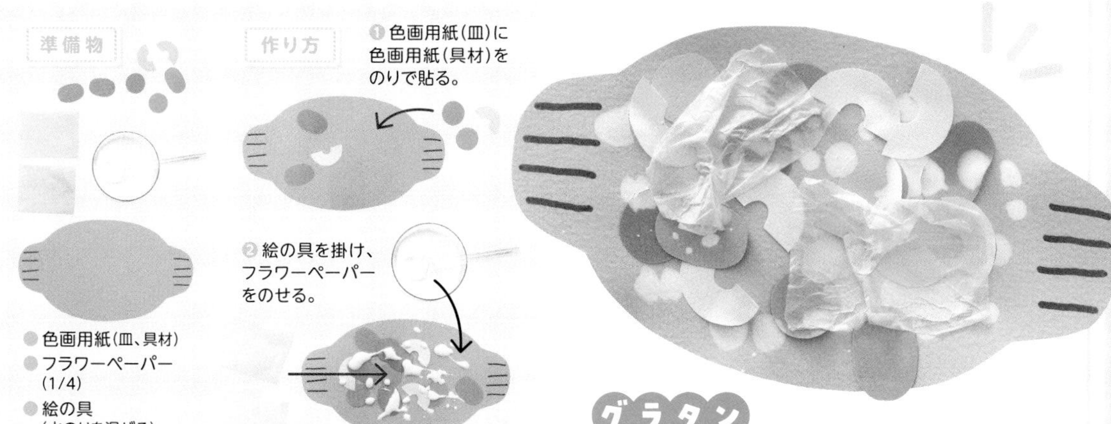

準備物

- 色画用紙(皿、具材)
- フラワーペーパー(1/4)
- 絵の具(水のりを混ぜる)

作り方

1. 色画用紙(皿)に色画用紙(具材)をのりで貼る。
2. 絵の具を掛け、フラワーペーパーをのせる。

感触を楽しむ

絵の具に親しむ

型紙：P.179

POINT

絵の具の感触を楽しむ

絵の具を画用紙に塗ったり、フラワーペーパーが染み込んでいくことに気付いたりしながら、感触を味わいましょう。

飾り方のポイント

子どもの写真にシェフに見立てた帽子を貼って、空いたスペースに湯気の形に切ったフェルトを飾ると、できたて熱々のビーフシチューみたいでおいしそう！

ビーフシチュー

難易度
CHANGE

準備物

- 色画用紙（鍋、蓋）
- 画用紙（鍋の中）
- 柄色紙（取っ手）
- フラワーペーパー（1/2、1/4）

作り方

濃いめに溶いた絵の具

フラワーペーパーを絵の具に染み込ませる

色画用紙（鍋）に貼る★

具材はフラワーペーパーだけでなく、輪切りにした緩衝材も使いましょう。フラワーペーパー同様、緩衝材も接着剤がなくても簡単にくっ付きます。

 ★は、保育者の工程です。

貼る

感触を楽しむ

LEVEL ★★★

POINT

感触を味わいながら入れる

それぞれの素材の感触を楽しみながら、好きな素材を見つけ、入れることを楽しみましょう。

シロクマ

準備物

- 色画用紙（顔、耳、手・足：片端に両面テープを貼り、帯状に切る）
- ティッシュペーパー
- スズランテープ
- フラワーペーパー（体、リボン）
- ストロー
- ポリ袋

作り方

❶ ティッシュペーパー、スズランテープ、フラワーペーパー（体）をポリ袋に入れる。

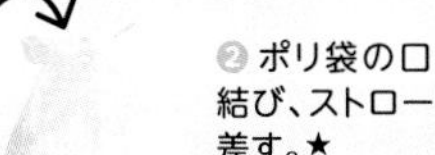

❷ ポリ袋の口を結び、ストローを差す。★

❸ 色画用紙（顔）にパスで顔を描き、色画用紙（耳）を貼る。色画用紙（手・足）を輪にする。

❹ ❷に❸とねじったフラワーペーパー（リボン）を両面テープで貼る。

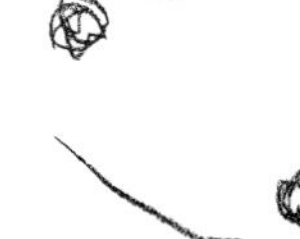

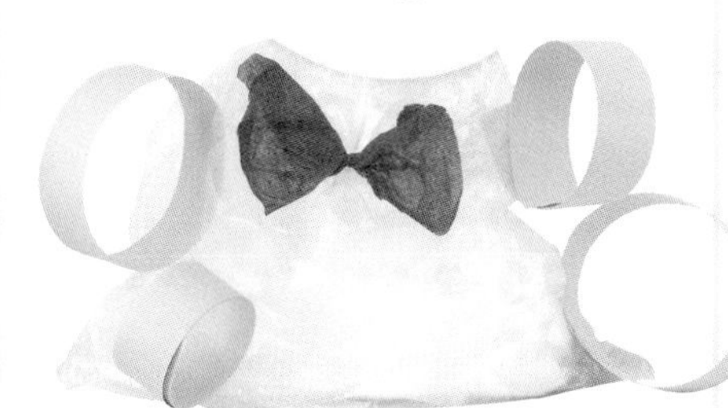

感触を楽しむ

貼る

型紙：P.179

LEVEL ★★

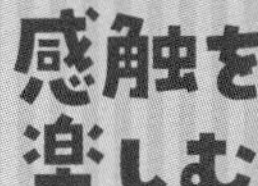

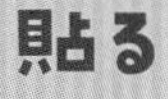

共同制作

パッチワーク風セーター

POINT

温かみのある材料で

フェルトや毛糸、綿などの温かみのある材料をゆったりと味わいながら作りましょう。一人ひとりのモチーフを集めると、素敵なセーターのできあがり！

準備物

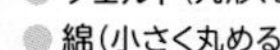

個人作品用
- 色画用紙（四角に切り、両面テープを数本貼る）
- 毛糸（小さく巻き、マスキングテープで中央を留める）
- フェルト（丸形、四角形、三角形）
- 綿（小さく丸める）

土台
- 模造紙（服形）
- 片段ボール（帯状：3本）
- 毛糸

作り方

❶ 色画用紙に毛糸、フェルト、綿を貼る。（個人作品）

❷ 片段ボールに毛糸を巻き、模造紙の袖と首の部分に貼る。★

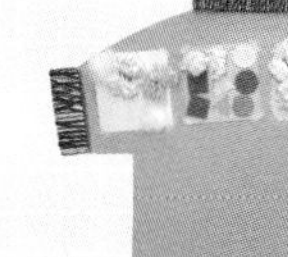

❸ ❷にマスキングテープで❶を貼る。★

絵の具に親しむ

型紙：P.179

POINT

スポンジ筆でダイナミックに

描いたり、塗ったり、スタンピングをしたりしながら、絵の具の感触や色の重なり、変化を楽しみましょう。

雪のペンキ屋さん

いろがまざった！

えのぐのいろがひろがっていく

準備物

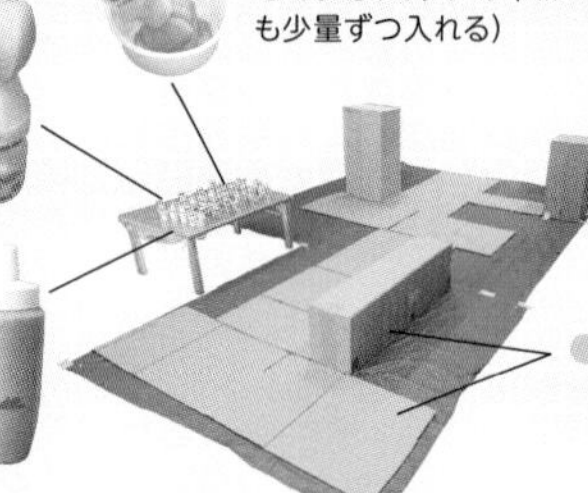

●スポンジ筆
（乳酸菌飲料の空き容器に、帯状に切ったスポンジを二つ折りにして詰める）

●補充用の絵の具
（ソース入れなど、出しやすい容器に入れておく）

●絵の具
（スポンジに十分に含ませておき、カップの中にも少量ずつ入れる）

●段ボール箱・板
（箱は一度開いて中面を表にして、組み立て直す）

※濃いめの絵の具を数色用意し、低い台など手の届きやすい場所に並べ、子どものタイミングで色を変えられるようにしておきます。

※存分に楽しめるように、広いスペースにブルーシートなどを敷き、段ボール箱を広げたり、大きな箱を用意したりしましょう。

作り方

スポンジ筆と絵の具を持ち、好きな場所で自由に描いたり塗ったりする。

貼る

絵の具に親しむ

POINT

足型を使って

足の裏から伝わる絵の具の感触を楽しみましょう。

準備物

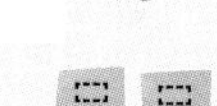

- 紙コップ
- 画用紙(体)
- 色画用紙(羽:片端に両面テープを貼り、少し曲げる)
- 丸シール(目、口)

作り方

❶ 画用紙に絵の具で足型をとる。
※指を黄色、その他を水色に塗り分けています。

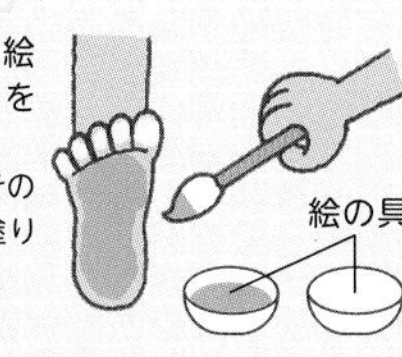

❷ 足型に沿って切り取る。★

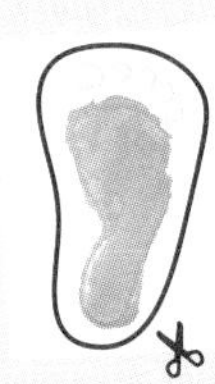

❸ 乾いた❷に丸シールを貼り、色画用紙とともに紙コップに貼る。

絵の具に親しむ

LEVEL ★★

POINT

スタンピングの模様に興味をもつ

スタンプの素材や模様に興味をもてるように、活動の前に子どもと確かめましょう。保育者は、スタンピングの前に、毛糸に絵の具が染み込んでいることを確かめておきましょう。

準備物

- 色画用紙(帽子、ポンポン:丸形)
- スタンプ
- 毛糸(細かく切る)

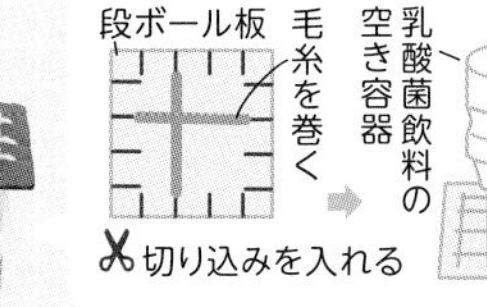

作り方

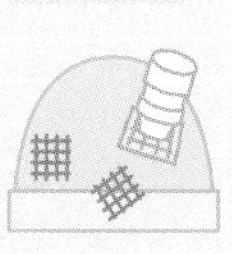
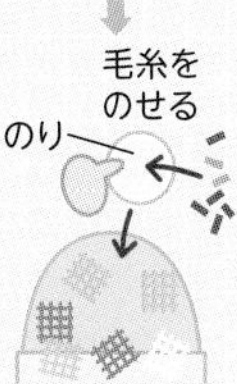

ちぎる

感触を楽しむ

LEVEL ★

POINT 紙の感触を楽しむ

ちぎったり丸めたりしながら、それぞれの紙の感触を楽しみましょう。

スープ

準備物

- プラカップ
- 丸シール(中)
- 色紙(切り込みを入れる)
- フラワーペーパー(1/8)
- 色画用紙(帯状:両端に両面テープを貼る)

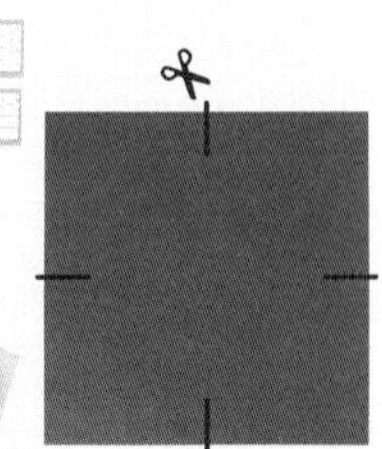

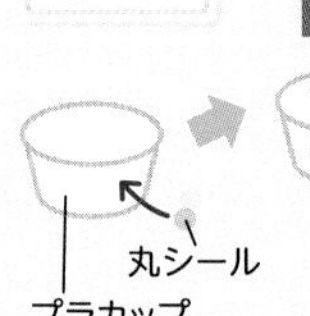

作り方

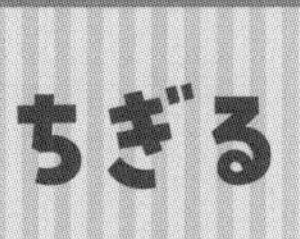

ちぎる

LEVEL ★★

POINT 緩衝シートをちぎる

緩衝シートや色紙など、素材によってちぎるときの感触の違いを味わえるようにしましょう。

うどん

準備物

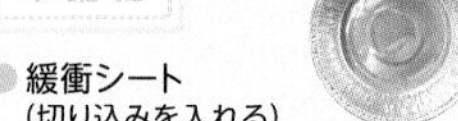

- 緩衝シート(切り込みを入れる)
- 色紙(具材:1/4にして切り込みを入れる、ネギ:棒状に巻いて輪切りにする)
- 丸シール(大、中)
- アルミ皿

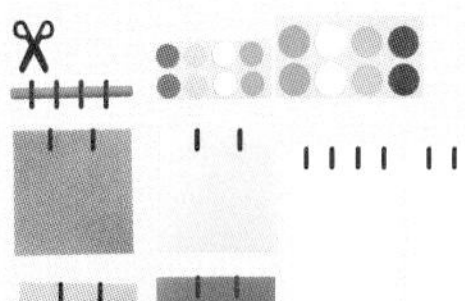

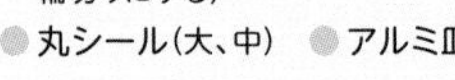

作り方

❶ 緩衝シート、色紙(具材)を切り込みからちぎる。

❷ アルミ皿に丸シールを貼り、❶、色紙(ネギ)を入れる。

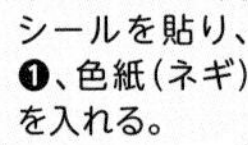

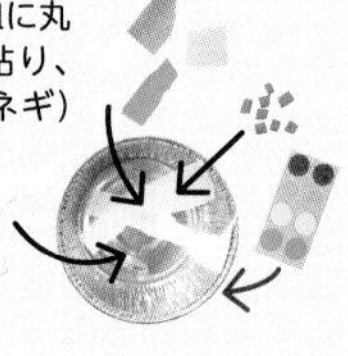

 ★は、保育者の工程です。

早春の制作

描く 絵の具に親しむ

型紙：P.178

POINT

パスと絵の具の組み合わせを楽しむ

パスの色を選び、描くことを楽しみましょう。絵の具を塗ると、画用紙に色が付いたりパスがはじいたりすることに気付けるようにしましょう。

はじき絵おひなさま

飾り方のポイント

柄色紙に丸シールを貼って作品の周りに飾ると、華やかさがUP♪ ひな祭りを祝う雰囲気を演出できますね。

難易度CHANGE

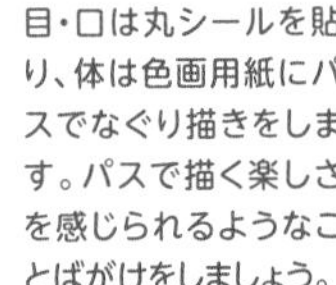

目・口は丸シールを貼り、体は色画用紙にパスでなぐり描きをします。パスで描く楽しさを感じられるようなことばがけをしましょう。

準備物

- 色画用紙（土台：四ツ切りの1/4、顔、冠）
- 画用紙（体）
- 片段ボール（細く巻く）
- タンポ（乳酸菌飲料の空き容器にスポンジをのせ、ガーゼをかぶせて輪ゴムで留める）
- リボン

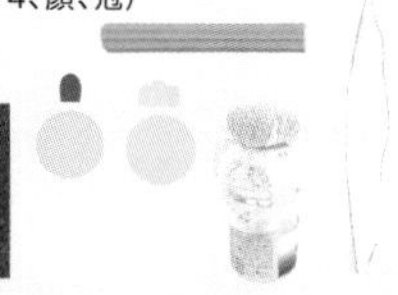

作り方

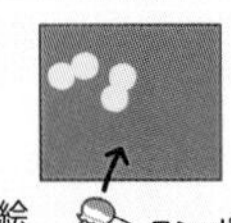

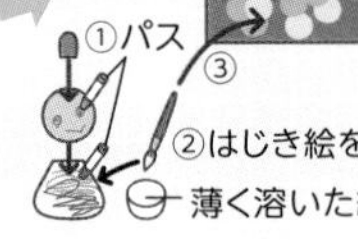

 ★は、保育者の工程です。

感触を楽しむ

貼る

型紙：P.178

ペタペタおひなさま

POINT

その子なりのシールの貼り方で

色紙にシールをペタペタと貼っていきます。その子なりの貼り方を楽しめるようにしましょう。

準備物

- 色画用紙（顔、冠）
- 乳酸菌飲料の空き容器
- 色紙（1/2を半円に切る）
- 丸シール（飾り：大、目、口）
- 紙パック（縦に切り、ビニールテープを貼る）
- フラワーペーパー（1/4）

作り方

❶ 色紙に丸シール（飾り）を貼る。

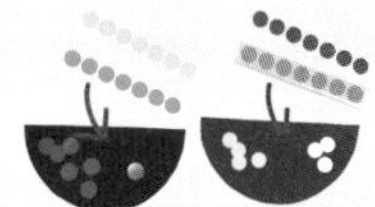

❷ 乳酸菌飲料の空き容器に❶を巻いて貼る。★

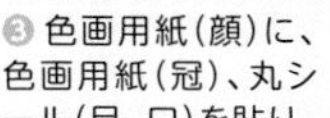
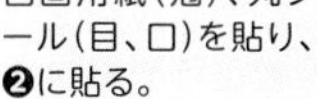

❸ 色画用紙（顔）に、色画用紙（冠）、丸シール（目、口）を貼り、❷に貼る。

❹ ❸を紙パックに置き、フラワーペーパーを丸めたり握ったりして散らす。

貼る

型紙：P.178

壁掛けおひなさま

POINT

色付きのりを使って

トレーシングペーパーを色付きのりで貼って飾りましょう。のりを色付きにすると見えやすくなり、のりの役割に子どもが気付きやすくなります。

準備物

- 色画用紙（顔、体、冠、土台、帯状）
- 千代紙
- リボン
- トレーシングペーパー（丸形）

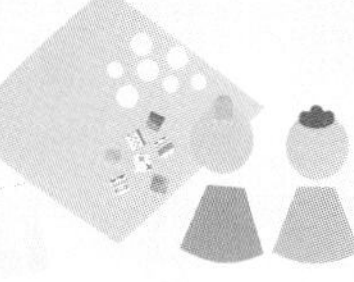

作り方

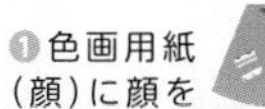

❶ 色画用紙（顔）に顔を描いて、色画用紙（冠）を貼る。色画用紙（体）に千代紙を貼ってから顔を貼る。

❷ 色画用紙（帯状）を輪にして❶の裏に貼る。★

❸ 色画用紙（土台）に❷とトレーシングペーパーを、絵の具を少量混ぜたのりで貼る。

❹ ❸にリボンを付ける。★

感触を楽しむ

貼る

型紙：P.178

POINT
いろいろな材料を詰める

フラワーペーパーや緩衝材の柔らかい感触を楽しみながら、ポリ袋に詰めましょう。

クシュクシュおひなさま

飾り方のポイント

花形の色画用紙に子どもが丸シールなどを貼って、周りに散らすように飾ると、かわいらしい雰囲気になりますね。

- 色画用紙（顔、冠）
- モール
- ポリ袋（小）
- リボン
- フラワーペーパー（1/4）
- 緩衝材
- 紙皿（半分に切り、金色の色紙を貼る）
- （柄）色紙（丸形）

作り方

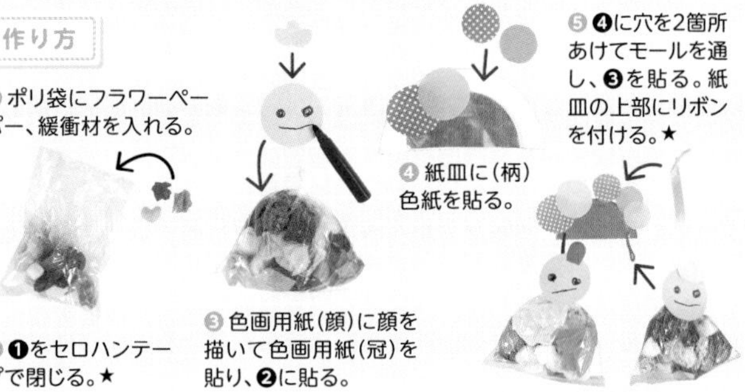

❶ ポリ袋にフラワーペーパー、緩衝材を入れる。

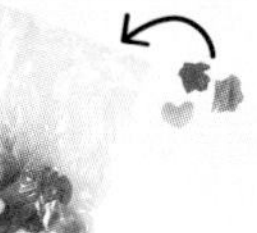

❷ ❶をセロハンテープで閉じる。★

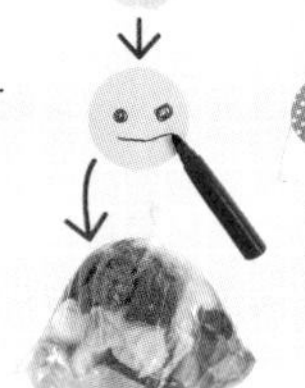

❸ 色画用紙（顔）に顔を描いて色画用紙（冠）を貼り、❷に貼る。

❹ 紙皿に（柄）色紙を貼る。

❺ ❹に穴を2箇所あけてモールを通し、❸を貼る。紙皿の上部にリボンを付ける。★

 ★は、保育者の工程です。

感触を楽しむ

LEVEL

POINT

紙粘土の色の変化に気付く

白色の紙粘土を伸ばしたり丸めたり、色付きの紙粘土を混ぜたりする遊びを楽しみましょう。

型紙：P.178

粘土のおひなさま

かおる

りおな

あやと

飾り方のポイント

紙パックにフラワーペーパーを敷き、作品を入れて飾りましょう。キラキラテープやマスキングテープで飾った色画用紙の屏風を立てておくと、すてきなひな飾りになります。

準備物

おひなさま
- 紙粘土（白、色付き）
- 色画用紙（顔、冠）
- 丸シール（目、口）
- ストロー

土台
- 箱型にした紙パック
- フラワーペーパー

作り方

❶ 紙粘土（白）をこねたり、紙粘土（色付き）と混ぜたりする。

❷ 色画用紙（顔）に、色画用紙（冠）、丸シールを貼る。

❸ ❷の裏にストローをセロハンテープで貼る。★

❹ ❶に❸を差し込む。

絵の具に親しむ

LEVEL ★★☆

型紙：P.178

POINT
スタンプの色や形を組み合わせて

スタンプの形の違いに気付き、色や形の組み合わせを楽しみながらスタンピングできるように関わりましょう。

スタンプのおひなさま

難易度CHANGE

LEVEL ★☆☆

タンポを使って

小さな手でも持ちやすいタンポを使ってスタンピングを楽しみます。「ポンポン」と言葉を添えて、感触を楽しみながら押せるようにしましょう。

準備物

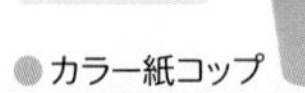

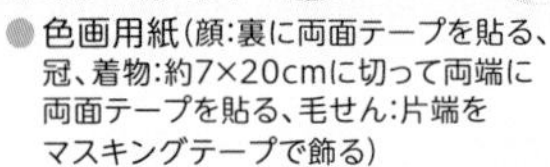

- カラー紙コップ
- 色画用紙（顔：裏に両面テープを貼る、冠、着物：約7×20cmに切って両端に両面テープを貼る、毛せん：片端をマスキングテープで飾る）
- スタンプ（段ボール板を巻く、タンポ：乳酸菌飲料の空き容器にスポンジを詰め、ガーゼをかぶせて輪ゴムで留める）

作り方

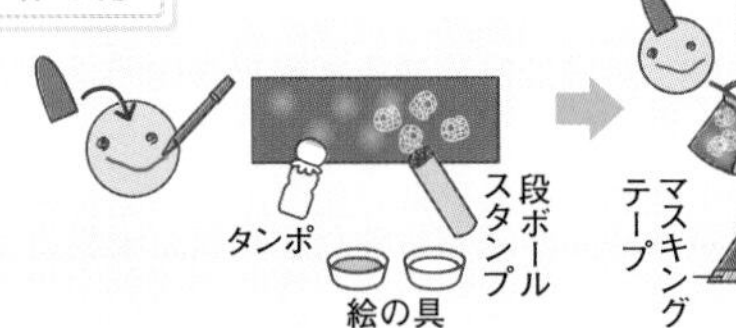

ハートのつるしびな

貼る 描く 通す

LEVEL ★★☆

型紙：P.178

POINT
リボンに通す

色画用紙やストローの穴を見つけて一定の方向にシュッと通すことを楽しみましょう。

準備物

- 色画用紙（顔、体：帯状、冠、飾り：パンチで花形に抜き穴をあける）
- 丸シール（中、小）
- ストロー（短く切る）
- リリアン糸
- カラークリアフォルダー（ハート形）
- リボン（片端はストローを結び、もう片端はセロハンテープを巻く）

作り方

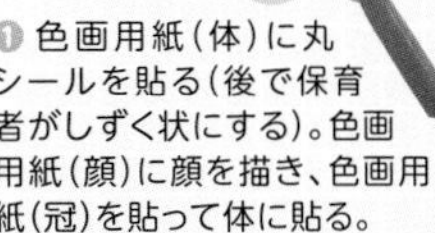
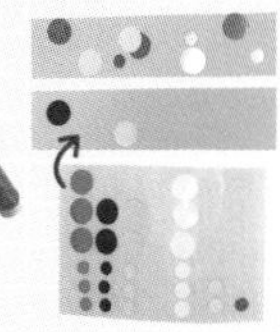

❶ 色画用紙（体）に丸シールを貼る（後で保育者がしずく状にする）。色画用紙（顔）に顔を描き、色画用紙（冠）を貼って体に貼る。

❷ カラークリアフォルダーに油性ペンで描く。

❸ リボンに、ストローと色画用紙（飾り）を通す。

❹ リリアン糸を貼った❶と❸のリボンを、穴をあけた❷に通して結ぶ。★

ひも通しのつるしびな

通す 絵の具に親しむ

LEVEL ★★★

POINT
いろいろな方向に通す

クリアフォルダーなどの素材の穴に通してみる中で、いろいろな方向に通すことの楽しさを感じられるようにしましょう。

準備物

- 色画用紙（顔、冠、髪の毛、着物：半分に折り筋を付けておく、飾り：パンチで穴をあける）
- ストロー（短く切る）
- カラークリアフォルダー（A4サイズの1/3に切り数箇所パンチで穴をあけ、両端をマスキングテープで飾る）
- リボン（ひも通し用、飾り用）

作り方

❶色画用紙（顔）にペンで顔を描き、色画用紙（冠、髪の毛）を貼る。

❷ 色画用紙（着物）に濃いめに溶いた絵の具を筆でのせ、デカルコマニーをする。乾いてから❶を貼る。

❸ リボン（ひも通し用：先にセロハンテープを巻く）を色画用紙（飾り）、ストロー、カラークリアフォルダーに通す。

片端はストローを結ぶ

❹ ❷にリボン（飾り用）を貼って❸に付ける。★

描く　感触を楽しむ

POINT
紙皿に描く

紙皿の場所によってスルスルと描けたりカタカタと描けたりする感覚の違いを楽しみましょう。

紙皿フォト

準備物

- 紙皿
- フラワーペーパー(1/8)
- 写真(色画用紙に貼る)

作り方

❶紙皿にペンで描く。

❷紙皿を半分に折って、両端を中に折り込む。★

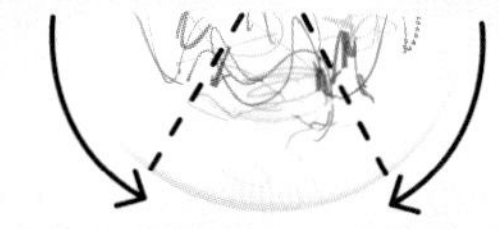

❸フラワーペーパーを丸めてのりで貼る。

❹写真を上部に貼る。★

貼る

POINT
両面テープの粘着部分に貼る

土台に両面テープを貼っておき、好きな場所に材料を置くように貼っていきます。材料別に分けて準備しておくと、好きな素材を選ぶことができます。

ペタペタフォト

準備物

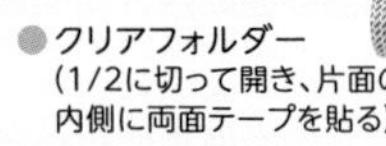

- クリアフォルダー(1/2に切って開き、片面の内側に両面テープを貼る)
- (柄)色紙
- レースペーパー(1/6)
- リボン(飾り用、持ち手用)
- 写真(色画用紙に貼る)
- マスキングテープ

作り方

❶クリアフォルダーに(柄)色紙、レースペーパー、リボン(飾り用)を貼る。

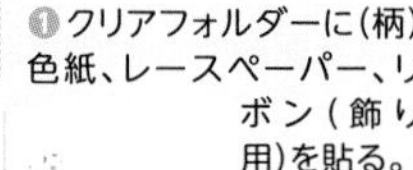
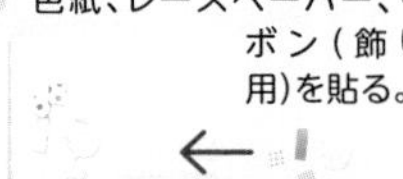
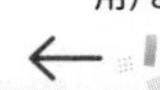

❷クリアフォルダーを閉じ、周りをマスキングテープで留める。★

❸❷に写真を貼る。上部にパンチで穴を2つあけ、リボン(持ち手用)を通して結ぶ。★

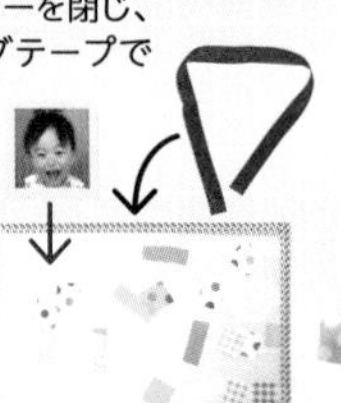

 ★は、保育者の工程です。

POINT

できるようになったことを使って

貼る　描く　感触を楽しむ

いろいろなことができるようになってくる年度末。描いたり貼ったり感触を楽しんだりしながら作ることを楽しみましょう。

型紙：P.179

乗り物

飾り方のポイント

壁に貼る模造紙にローラーで絵の具を付けると、乗り物が芝の上を走っているようになります。

準備物

- 空き箱
- 片段ボール（円柱にする）
- 色画用紙（空き箱の面と同じ大きさ）
- フラワーペーパー（1/4）
- ボトルキャップ（両面テープを貼る）
- 写真（裏に両面テープを付けた色画用紙に貼る）

作り方

❶ 色画用紙にパスで描く。

❷ ❶を空き箱に貼る。★

❸ ❷にボトルキャップを貼り、片段ボールを木工用接着剤で貼る。フラワーペーパーをボトルキャップや片段ボールに入れたり、❷に貼ったりする。最後に写真を貼る。

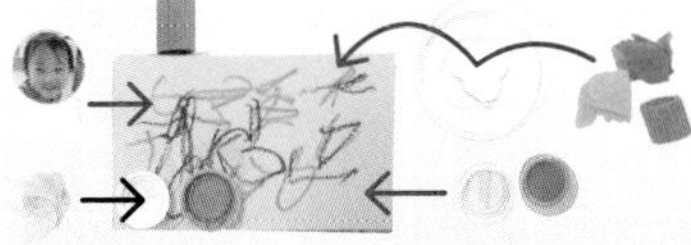

絵の具に親しむ　感触を楽しむ

POINT
スタンピングの感触を楽しんで

絵の具を付けたスポンジの感触を楽しみながらスタンピングをしましょう。紙粘土での手型は、手に直接絵の具を付けることが苦手な子どもでも楽しくできます。

飾り方のポイント

紙パックを写真立てのように切ると、すてきに飾れます。

準備物

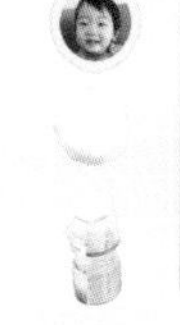

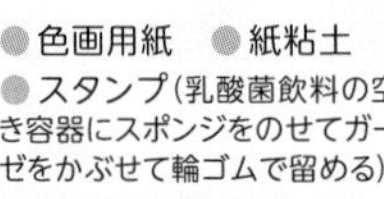

- 色画用紙　● 紙粘土
- スタンプ（乳酸菌飲料の空き容器にスポンジをのせてガーゼをかぶせて輪ゴムで留める）
- 写真（色画用紙に貼る）
- 段ボール板

作り方

❶ 色画用紙にスタンピングをする。

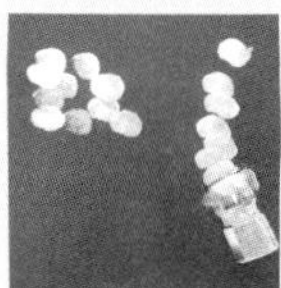

❷ 紙粘土に手型をとる。

❸ 手型の周りに絵の具を塗る。★

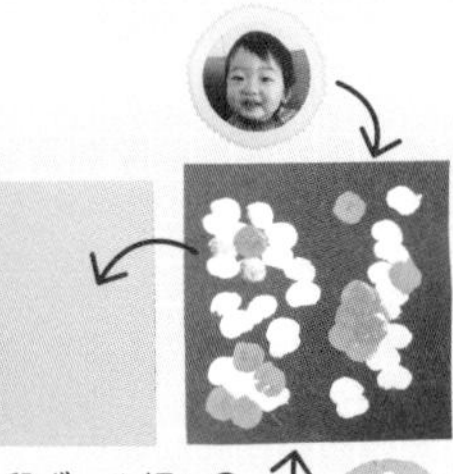

❹ 段ボール板に❶を貼り、❸、写真を貼る。★

 ★は、保育者の工程です。

プレゼント
の
制作

描く

POINT

クリアフォルダーに描く

ペットボトルに描くことは難しいですが、クリアフォルダーに描いて入れることで、ペットボトルに模様が出てきます。リボンを引っ張って一緒に遊びましょう。

ポンポンボトル

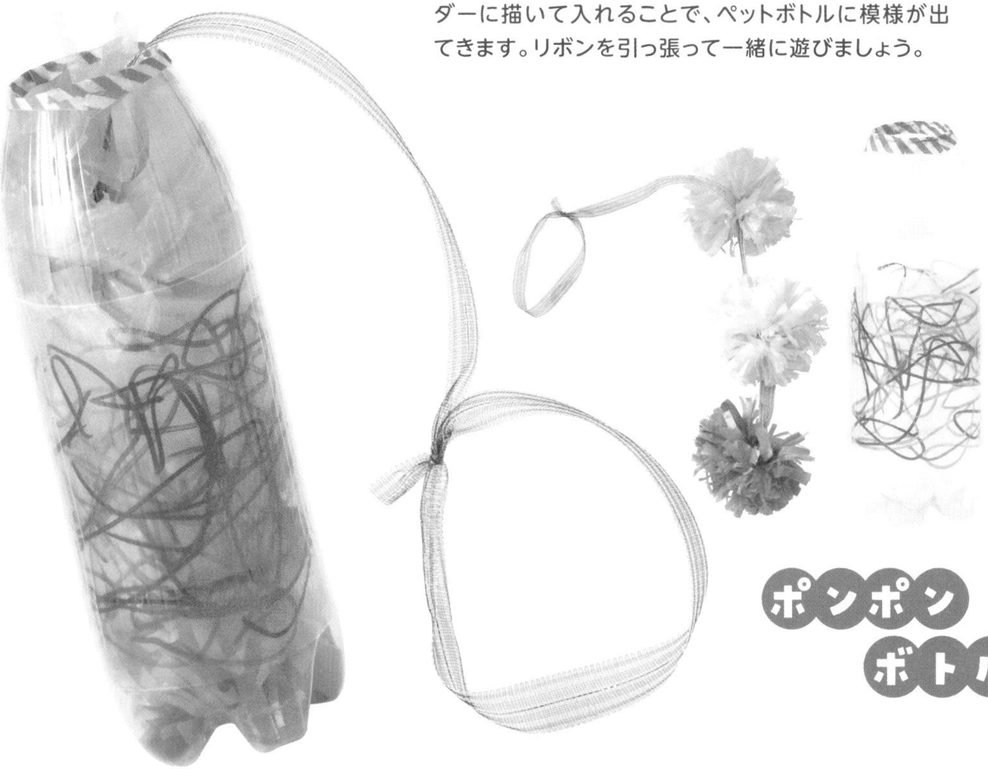

一緒に遊ぼう

プレゼントした人にペットボトルを持ってもらい、子どもがリボンを引っ張ってみましょう。「ポンッ」とポンポンが出てきて、楽しいですよ♪

作り方

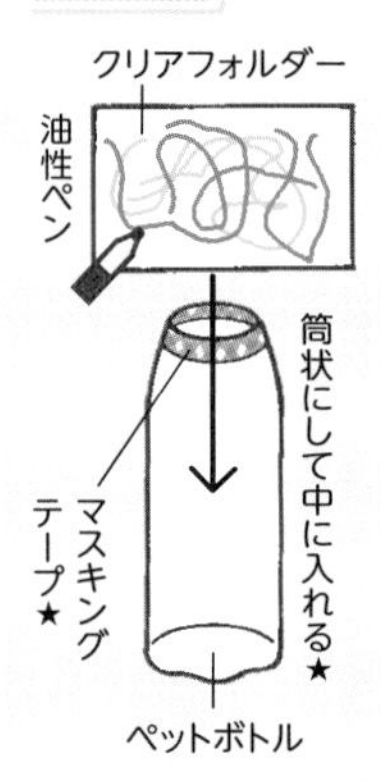

※保育者が作ります

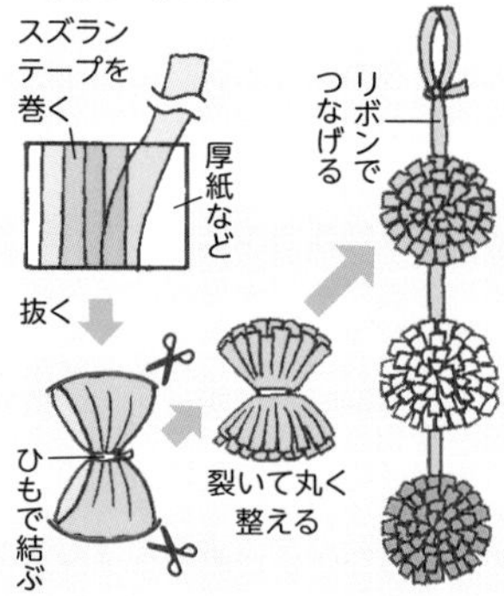

スズランテープを巻く
厚紙など
抜く
ひもで結ぶ
裂いて丸く整える
リボンでつなげる

 ★は、保育者の工程です。

POINT
滑らかな描き心地を楽しむ

クリアフォルダーのツルツルとした素材にペンで描く、滑らかな心地良さや色の鮮やかさを楽しみましょう。

カラフル小物入れ

準備物

- ペットボトル(底:切り口をセロハンテープで保護する)
- クリアフォルダー(ペットボトルと同じ高さに切り、上下をマスキングテープで保護し、裏面の両端に両面テープを貼る)
- マスキングテープ

作り方

貼る

POINT
描いたり貼ったり

色画用紙に描いたり、仕掛けが付いたシートにシール貼りをしたりしましょう。シートを重ねると下の絵が見えておもしろいですよ。

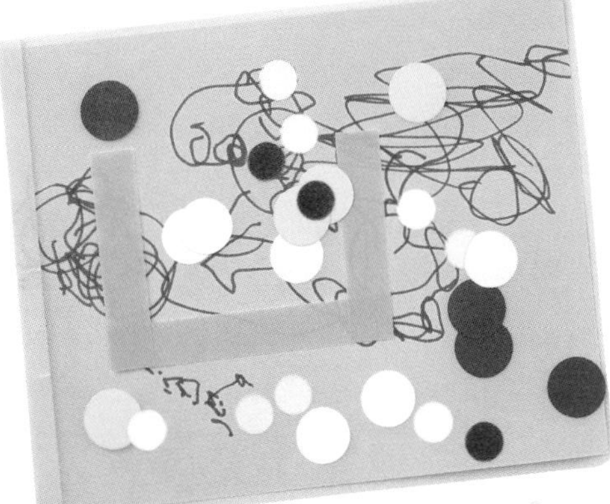

ペラペラカード

準備物

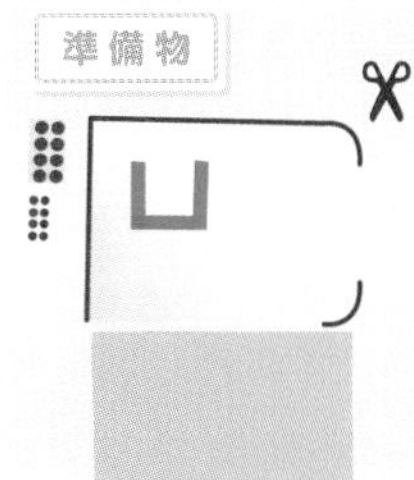

- クリアフォルダー(1枚にして角を丸くし、マスキングテープで仕掛けを作る)
- 色画用紙(クリアフォルダーと同じ大きさ)
- 丸シール(大、中)

作り方

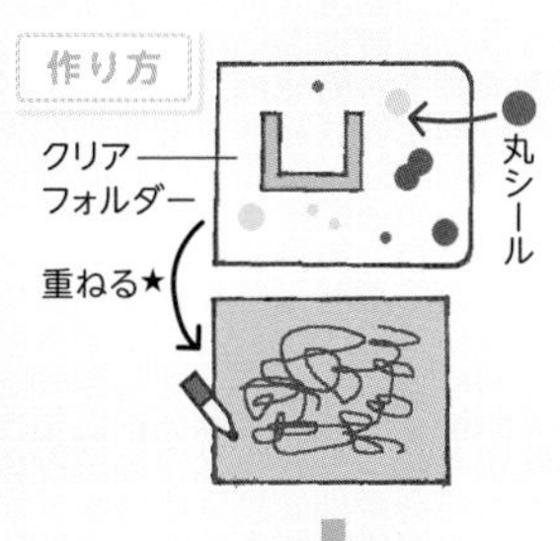

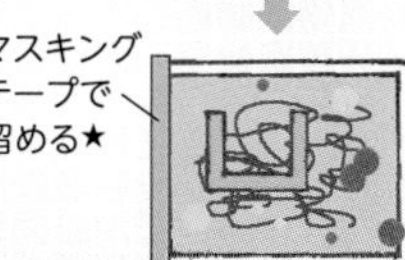

貼る

フォトフレーム

POINT

段ボール片を貼る

片段ボールや段ボール板など、硬い材料を貼ることを楽しみます。重ねると高さが出たり、並べてでこぼこになったりするのがおもしろいですよ。

準備物

- 色画用紙（写真を貼る）
- 段ボール板（土台：帯状を4枚、飾り：両面テープを貼って切る）
- 片段ボール（両面テープを貼って切る）

作り方

1. 段ボール板（土台）に、段ボール板（飾り）と片段ボールを貼る。
2. ❶を色画用紙に貼る。★

貼る

ペタペタ小物入れ

POINT

形が違うシールを組み合わせて

丸シールやインデックスシールなどを使い、形の組み合わせを楽しめるようにしましょう。シールは、種類別に分けて用意すると使いやすいですよ。

準備物

- 紙パック
- 色画用紙
- 丸シール（大、中）
- インデックスシール（1/2）
- マスキングテープ

作り方

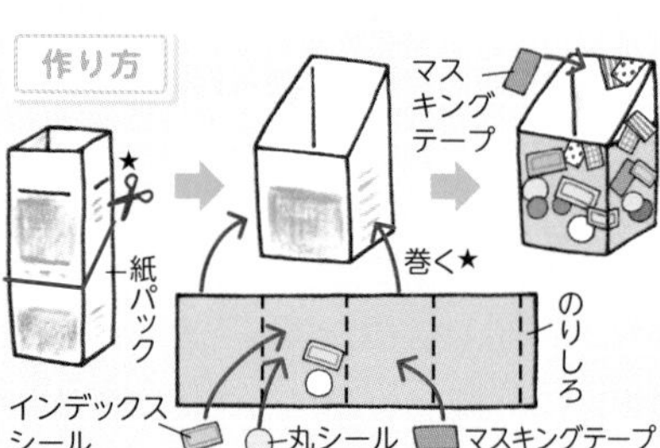

貼る

LEVEL ★☆☆

POINT

シールやテープを貼る

シールやテープを貼って、オリジナルバッグに！ ボトルキャップやプチプチシートを中に詰めて遊びましょう。

つめつめバッグ

作り方

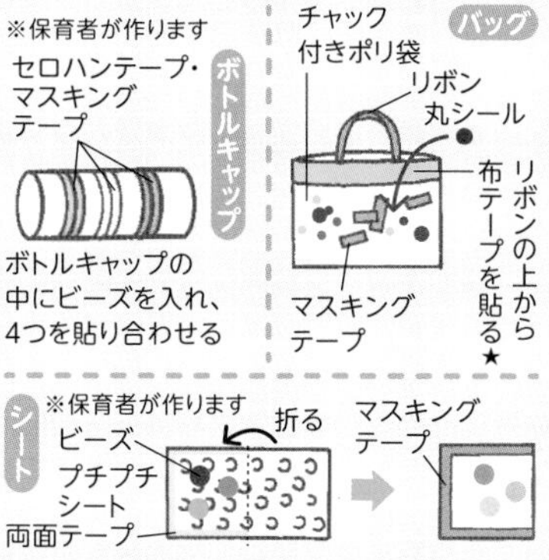

ボトルキャップ

※保育者が作ります

ボトルキャップの中にビーズを入れ、4つを貼り合わせる

バッグ

リボンの上から布テープを貼る★

シート

※保育者が作ります

つめつめ♪

貼る

絵の具に親しむ

LEVEL ★★☆

キラキラ小物入れ

POINT

キラキラ材料を使って

手型を星に見立て、シールやアルミカップを貼ります。キラキラとした材料を楽しみながら貼りましょう。

準備物

- 画用紙
- 紙パック（底）
- 色画用紙（紙パックに巻ける大きさ）
- 丸シール（大・中：金・銀）
- アルミカップ
  （裏の中央に両面テープを貼り、1/4に切る）

作り方

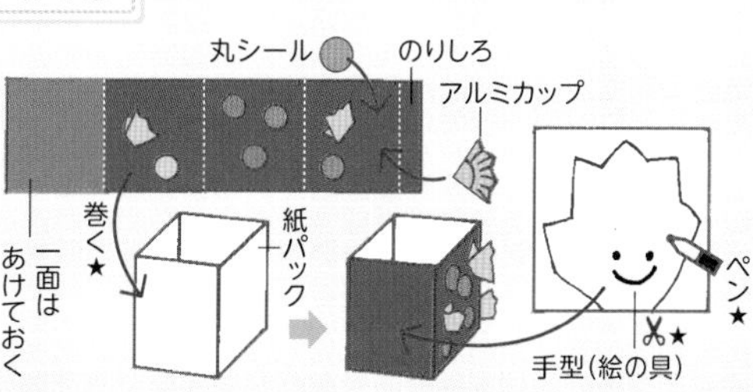

感触を楽しむ

POINT

紙粘土を丸めたり伸ばしたり

紙粘土を丸めたり伸ばしたりして、フワフワした柔らかい感触を楽しみながら作りましょう。形の変化や他の材料が付くことなど、様々な気付きがありますよ。

作り方

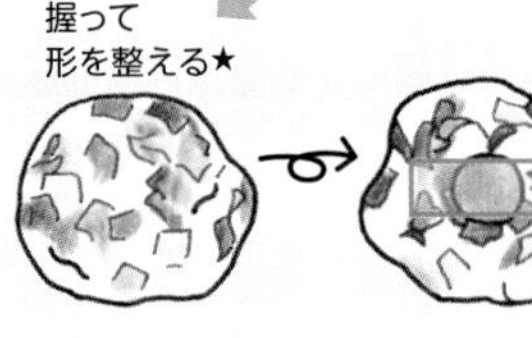

粘土が乾かないうちに接着剤を付けた磁石を埋め込み、乾いたらテープで固定する。

POINT

フラワーペーパーを選び ゆったりと触る

好きな色のフラワーペーパーを取り、ひらひらとさせたり丸めたり、感触を楽しみながら貼っていきましょう。

感触を楽しむ

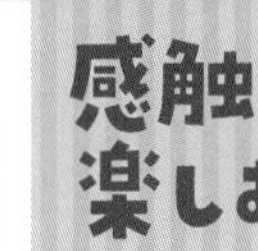

フワフワ
マグネット

準備物
- 画用紙(丸形:中央に切り込みを入れる)
- フラワーペーパー(1/4)
- ボトルキャップ
- 強力磁石

作り方

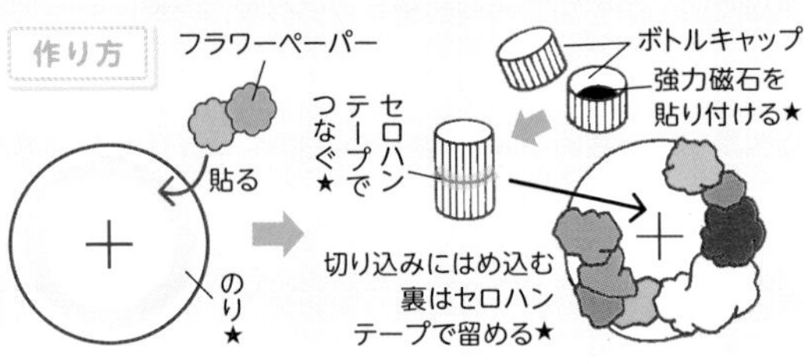

 ★は、保育者の工程です。

感触を楽しむ

LEVEL ★☆☆

POINT
いろいろな材料を確かめながら触れる

色紙やレースペーパーなど、いろいろな素材に触れ、ゆっくりと確かめながらラミネートシートに置いていきましょう。

透明フレーム

作り方

ラミネートシートに、柄色紙やレースペーパー、透明色紙などを挟む。保育者が加工し、写真を貼って完成。

ちぎる　感触を楽しむ

LEVEL ★★☆

気球風フォトフレーム

POINT
フラワーペーパーをちぎったりくっ付けたり

フラワーペーパーの感触やちぎるときの音、紙皿に貼ったときののりが染み込んでいく様子を楽しみましょう。

準備物

- 紙皿
- フラワーペーパー
- 写真(色画用紙に貼ってクリアポケットに入れる)
- モール

作り方

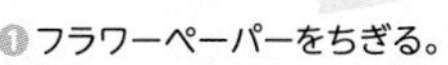

1. フラワーペーパーをちぎる。
2. 紙皿に水溶き木工用接着剤を塗る。★
3. ❶を❷に貼る。
水溶き木工用接着剤が乾いてきたら、霧吹きで水を掛ける。最後に、上から全体に水溶き木工用接着剤を塗ると、艶感が出る。
4. 穴をあけて写真をモールでつなぐ。★

絵の具に親しむ

POINT
ビー玉転がし

絵の具を付けたビー玉を転がすと、どんな模様ができるか、子どもと一緒に見てみましょう。コロコロと音が鳴るのも楽しいですよ。

作り方

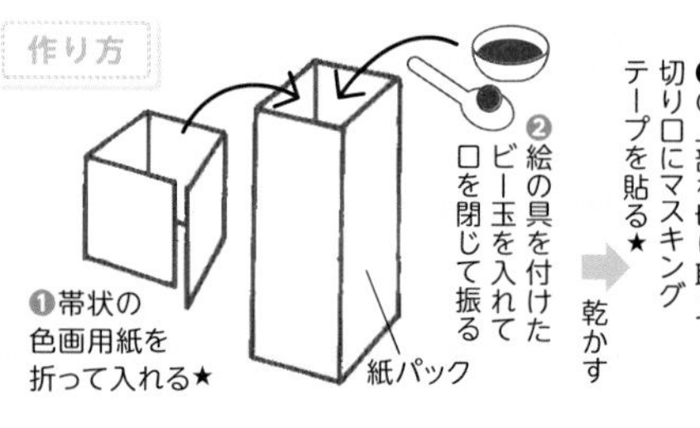

乾かす

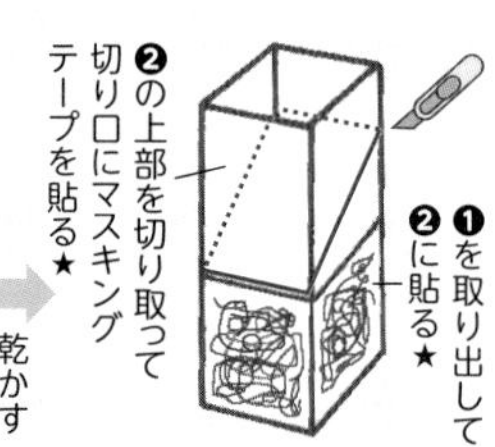

POINT
小さなタンポを使って

スポンジを小さくまとめて硬くしたタンポを使います。硬めのタンポでのスタンピングを楽しみましょう。

花のメダル

貼る

絵の具に親しむ

準備物

タンポ

ガーゼ　スポンジを小さくまとめながらかぶせる

ラップ

乳酸菌飲料の空き容器

輪ゴム

- (色)画用紙(大、小)
- おかずカップ(裏の中央に両面テープを貼り、6等分に切る)
- 小さめのタンポ
- リボン

作り方

絵の具

タンポ

穴をあけて保護シールを貼る★

おかずカップ

リボンを二つ折りにして穴に通しリボンの先をくぐらせる★

※首に掛けるリボンは両端を交差するようにストローに通し、引っ張ると外れるようにする。

LEVEL ★★★

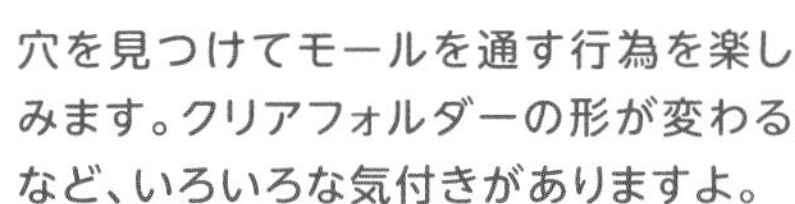

穴を見つけてモールを通す行為を楽しみます。クリアフォルダーの形が変わるなど、いろいろな気付きがありますよ。

ストローや色画用紙で

低年齢児はビーズではなく、ストローやピンキングばさみで丸く切った色画用紙を、通していくことを楽しみましょう。

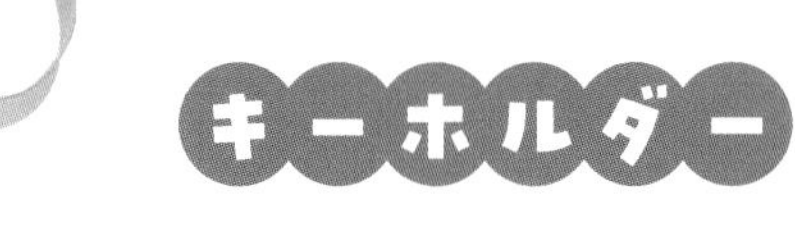

準備物

- ビーズ
- カラークリアフォルダー（約6cm×1.5cmに切り、両端にパンチ穴をあける）
- モール（片端をねじって輪を作る）
- キーホルダー用金具

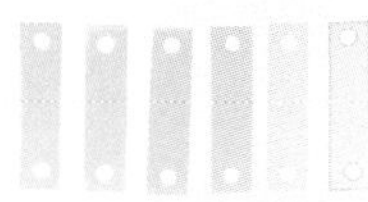
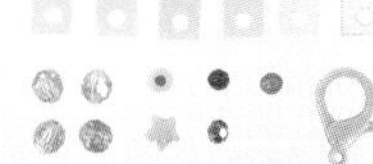

作り方

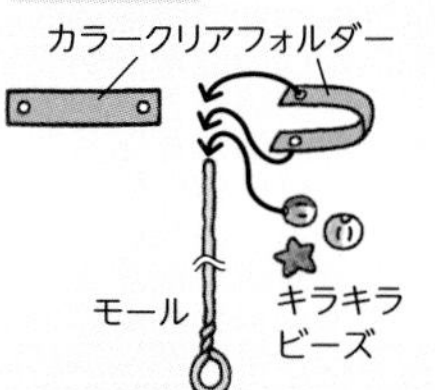

キーホルダー用金具を付ける★

描く　貼る　感触を楽しむ

POINT

描いたり貼ったり組み合わせたり

これまでの経験から、できるようになったことを組み合わせて作ることを楽しみましょう。

プレゼント

準備物　●ポリ袋　●モール

A ●フラワーペーパー
●緩衝材
●マスキングテープ
●クリアポケット
●モール

B ●（色）画用紙　●丸シール
●ストロー

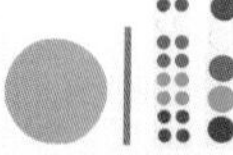

C ●アルミホイル
●アイスの棒
●ボトルキャップ（2連結）
●マスキングテープ

*A・B・Cは、それぞれコーナーに分けて用意しましょう。

作り方

A
・フラワーペーパーを丸めたりちぎったり包んだりする。
・緩衝材にマスキングテープを貼る。
・クリアポケットに入れてモールで留める。

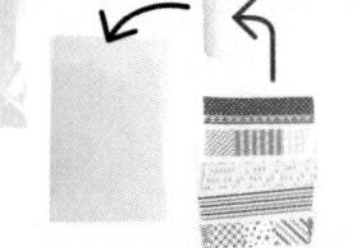

遊んだ物をラッピング袋に詰めて完成♪

B
・色画用紙に描いたり貼ったりする。
・裏にストローを貼る。★

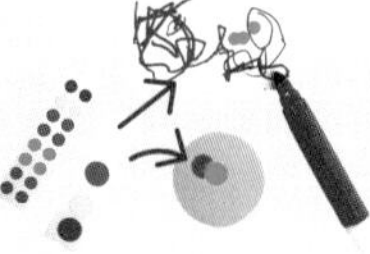

C
アルミホイルを握ったり丸めたり、アイス棒やボトルキャップを包んだりマスキングテープを貼ったりする。

はさみで1回切りに挑戦!

手指が発達してくる時期の2歳児。はさみは、子どもたちにとってとても魅力的な道具です。安全面に配慮しながら正しい持ち方、使い方を丁寧に伝えましょう。

《はさみを使うときの約束》

- はさみの刃を人に向けない
- 準備した材料以外は切らない
- はさみを置くときは、刃を閉じる

はさみの持ち方・動かし方

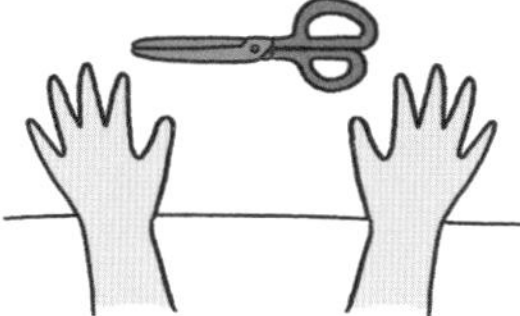

❶ すぐに持てる位置にはさみを置く

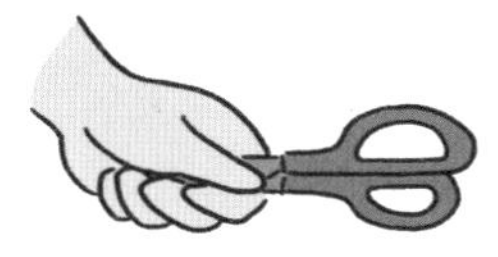

❷ はさみの刃を片手で握る

❸ 眼鏡のようにして、部屋(穴)が2つあり、大きさが違うことを確認する

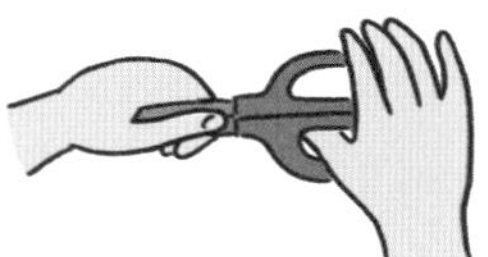

❹ 小さな部屋に親指をはさみの上から入れる

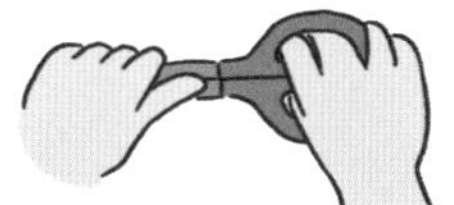

❺ はさみの穴の大きさに合わせて、他の指を大きな部屋に2〜3本入れる

❻ 親指が上になるようにする

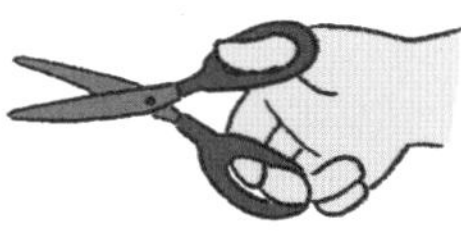

❼「パー」で開き「グー」で閉じる
※はさみが開かない場合は、保育者がグリップの間に指を入れて援助をします。

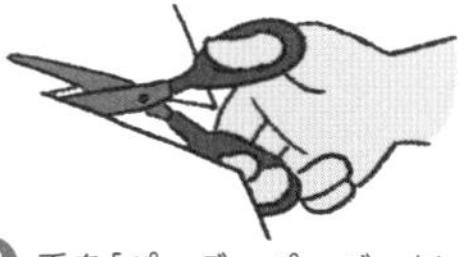

❽ 手を「パーグーパーグー」と動かし、切っていく

切ってみよう!

準備物

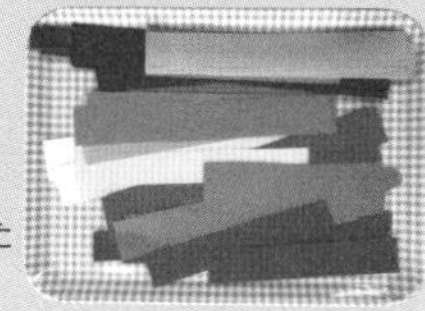

色画用紙
帯状に切った色画用紙

紙パック
1/2に切って箱状にし、縁にビニールテープを貼る

紙を持つ手から離れた方から切っていくことを伝えます。子どもの様子に合わせて「グーして、パーして」などの言葉を掛けましょう。

うまく持てない子どもには、保育者が後ろから手を添えましょう。

製作をするためには、材料について知ることが大切です。どんな特徴があるのか、どんなことが楽しめるのかを知り、作る物の雰囲気や子どもの育ちに合った使い方を考えましょう。

フラワーペーパー

特徴

- 薄くて柔らかく、0歳児から扱いやすい
- 握った形がすぐに見える
- ひらひら、ゆらゆらと揺れ、子どもの興味をひき付ける
- 色数が豊富

薄さ、柔らかさを感じられるように

握ったり丸めたりちぎったり、いろいろなことができます。1枚ずつそっと取ることを伝え、指先を使って紙の薄さや柔らかさを感じられるようにしましょう。材料の柔らかさや自分のしたい活動に合わせて考えて手指を使えるようになっていきます。

準備の仕方

浅い入れ物に少量ずつ、少しずらして入れると、取りやすい。

大きさの目安

丸める：1/4・1/2
ちぎる：1/4
包む：1/2
またはそのまま

色画用紙

特徴

- 色数が豊富
- いろいろな形を作れる
- 硬さがあり、丈夫

子どもが選ぶきっかけをつくる

なんといっても、色数が多いのが特徴です。使うときは、色や大きさを数種類用意するようにしましょう。子どもが選ぶきっかけになり、その子らしい表現へとつながります。

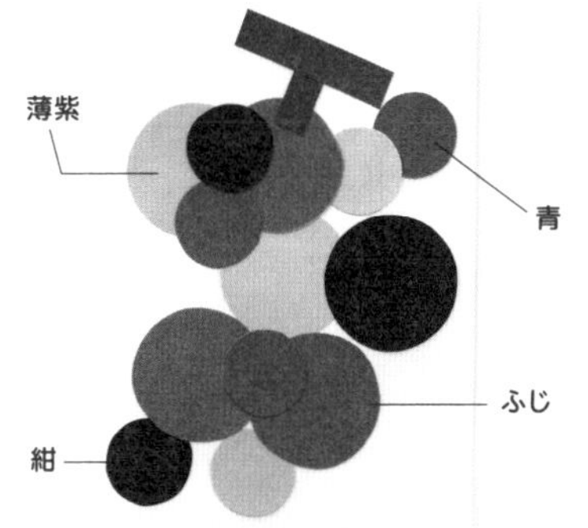

ちぎるときは

ちぎりやすいように、保育者がもんで柔らかくしてから渡すようにしましょう。

色紙

特徴

- 薄くて扱いやすく、握ったり曲げたりちぎったりできる
- ある程度の硬さがあり、握るときに音がするなど扱っている感触を実感しやすい
- 柄色紙や千代紙など、種類が豊富

「これが使いたい!」

柄色紙や千代紙などは、色や柄などの魅力があります。「これが使いたい!」「これが好き」という思いが活動への意欲につながり、こだわりが出てくる年齢の子どもにぴったりです。

単調になるときは

色紙だけだと単調になりやすいときに、同系色の柄色紙をプラスするのもおすすめです。

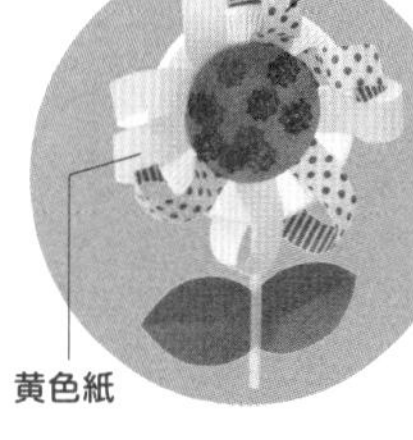

紙粘土

特徴

- 触った形が残る
- 作っては壊して、また作ってと、形を変えて繰り返し使える
- 色を付けられる

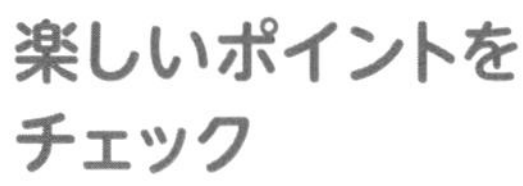

楽しいポイントをチェック

事前に保育者が触っていろいろ試してみて、どんなことを子どもがおもしろいと思うのかを考えてみましょう。

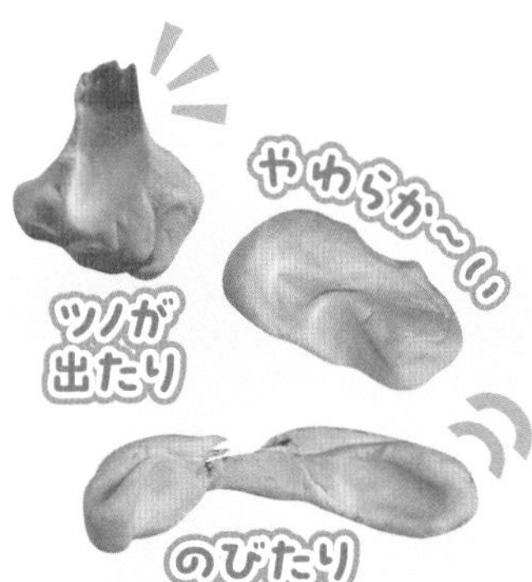

ふわふわの紙粘土が、手にまとわりつかず使いやすい！

色を混ぜる

絵の具で色を付けた紙粘土と白の紙粘土を用意し、子どもが混ぜ合わせるようにしてみましょう。色が混ざっていく過程が、子どもにとってはとても楽しいです。

クリアフォルダー

特徴

- ツルツルとした質感
- 透明感があり、他の素材との組み合わせで美しさが楽しめる
- 色数が多い
- 張りがあり、切ったり曲げて形を変えたりすることができる
- テープ類で接着できる

低年齢児には角を丸くする

透明感を利用して

形状を利用していろいろな素材を挟んだり、色画用紙と同じように切って材料として使ったりすると、透明感のある作品ができます。

質感を楽しむ

ツルツルした感触や透明感などクリアフォルダーならではの質感を感じられます。また、油性ペンでスルスルとした滑らかな描き心地を感じることもできます。

プチプチシート

特徴

- でこぼことした感触を楽しめる
- 透明感があり、色画用紙やカラーセロハンなどと重ねると色が透けて見える
- 柔らかく、変形させやすい

かみつきに注意

でこぼこの面は柔らかく、低年齢の子どもの場合、かむと危険です。包んだり丸めたりするときは、平面が表になるようにして使いましょう。

平面を表に

おかずカップ

特徴

- 色や柄が豊富
- 丸い、立体感がある、ギザギザしているなど、製作に生かしやすいポイントがたくさんある

感触が楽しい

ギザギザした感触に気付き、楽しめるように関わりましょう。

～接着材料～

のり

のりを使うときは、いつでも手を拭けるように、手拭き用タオルも用意します。紙パックなどに入れてセットしておくと、使いやすいです。

木工用接着剤

子どものために作られているものではないので、直接触ることはおすすめしません。素材を持って、木工用接着剤に直接付けられるように、浅い皿に入れて使いましょう。

アルミホイルを敷いて木工用接着剤を入れると、アルミホイルごと処分できるので、片付けが簡単♪

型紙

製作物の土台や飾りの型紙です。
適当な大きさにコピーして、お使いください。

P.34~37 こいのぼり

※作る物に応じて、必要なパーツをお使いください。

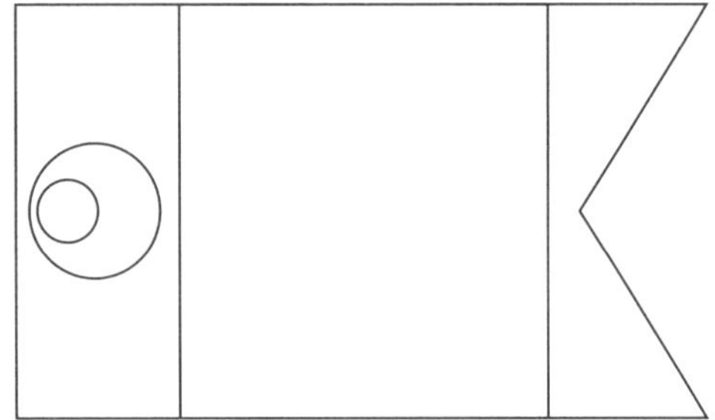

P.34 じんわりこいのぼり

P.40 チョウ

P.46 花 ※名札

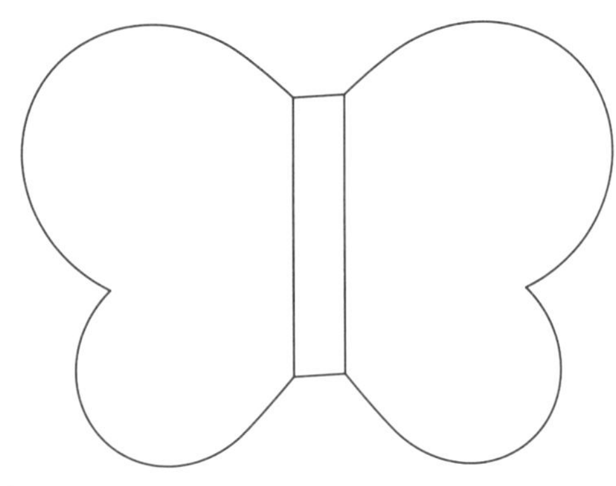

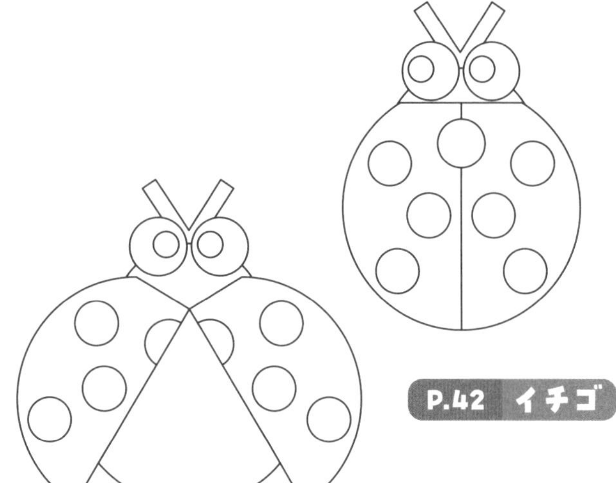

P.42 イチゴ

P.43 チューリップ
P.45 ハチ
P.48 サクランボ

P.41、50 ツクシ

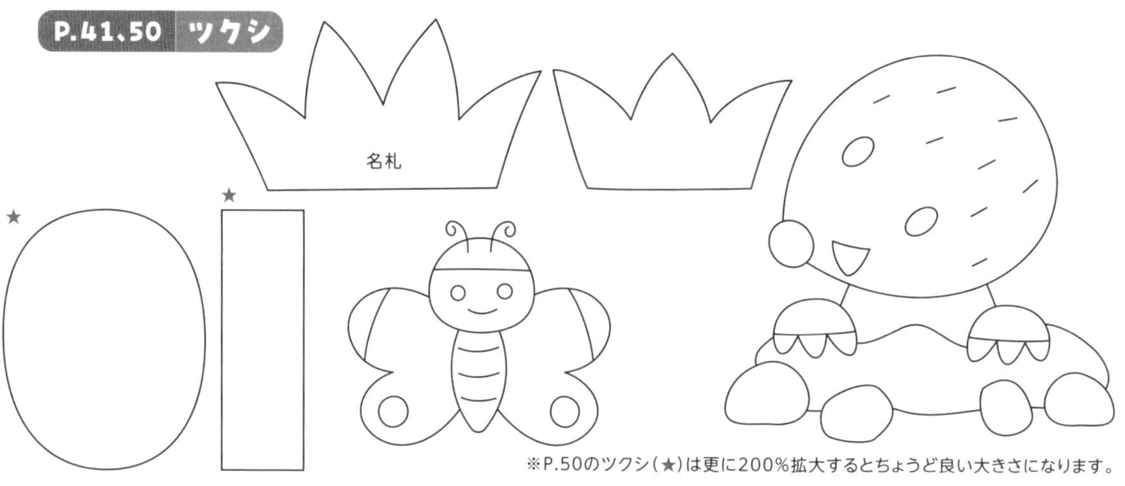

※P.50のツクシ（★）は更に200%拡大するとちょうど良い大きさになります。

夏

P.56 傘

P.57 長靴

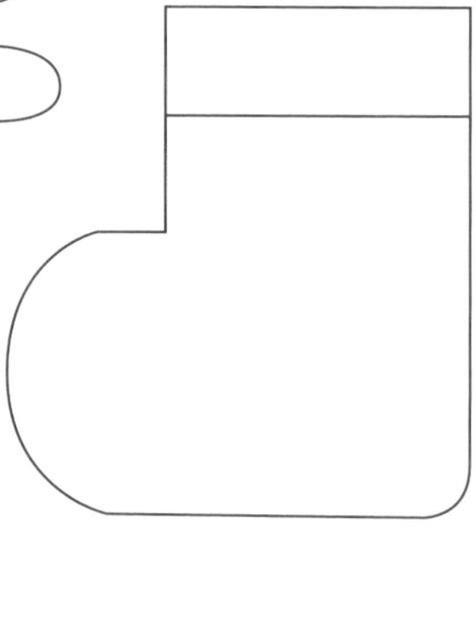

P.51 菜の花

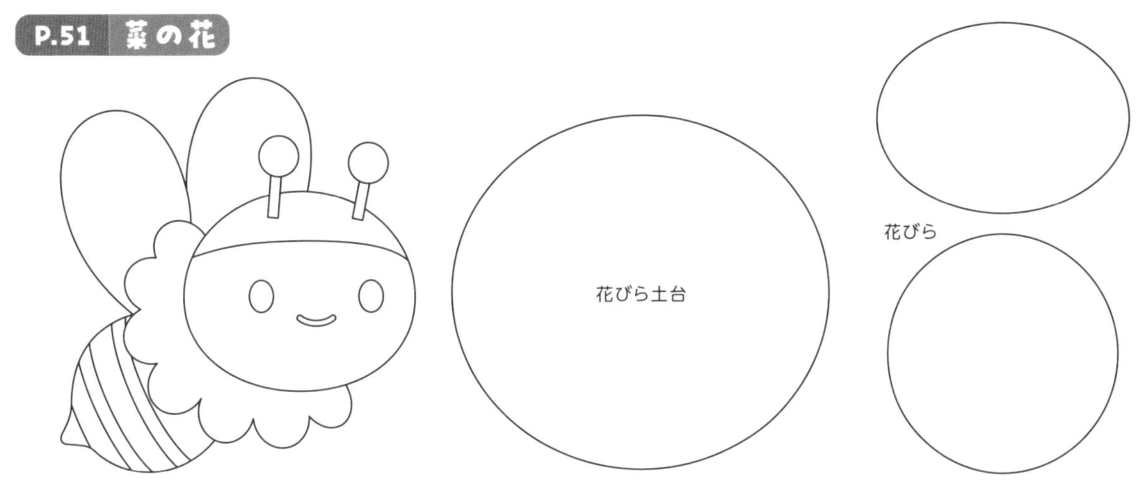

P.58 アジサイ

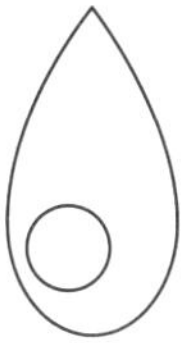

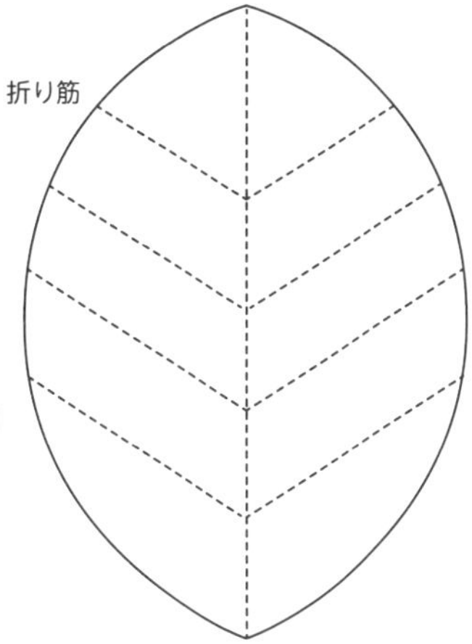

折り筋

P.60 織り姫・彦星

P.61 星飾り

P.62 星飾り
P.64 織り姫・彦星
P.70 花火
P.68 帽子
名札
ぼうしやさん

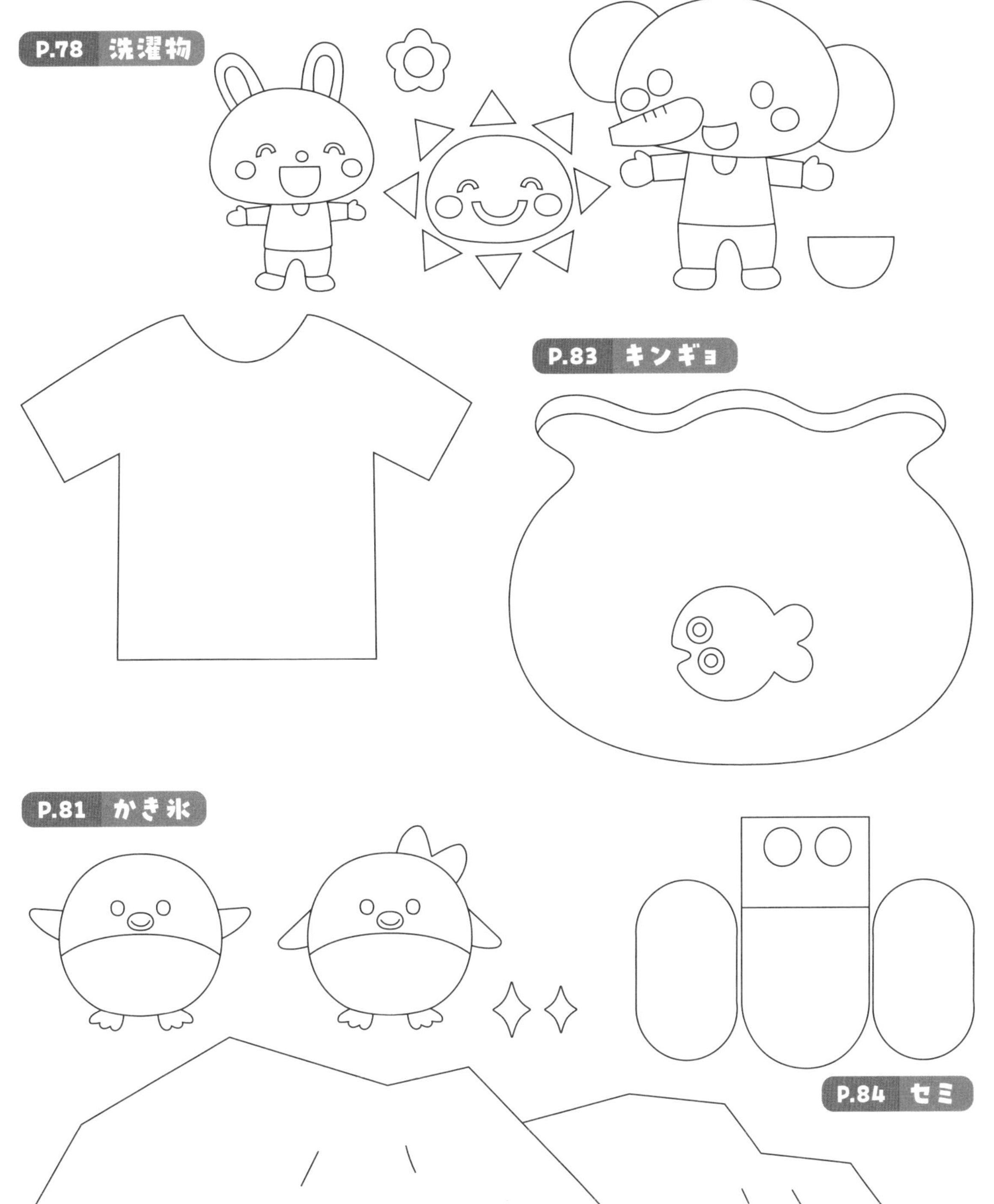
P.78 洗濯物
P.83 キンギョ
P.81 かき氷
P.84 セミ

秋

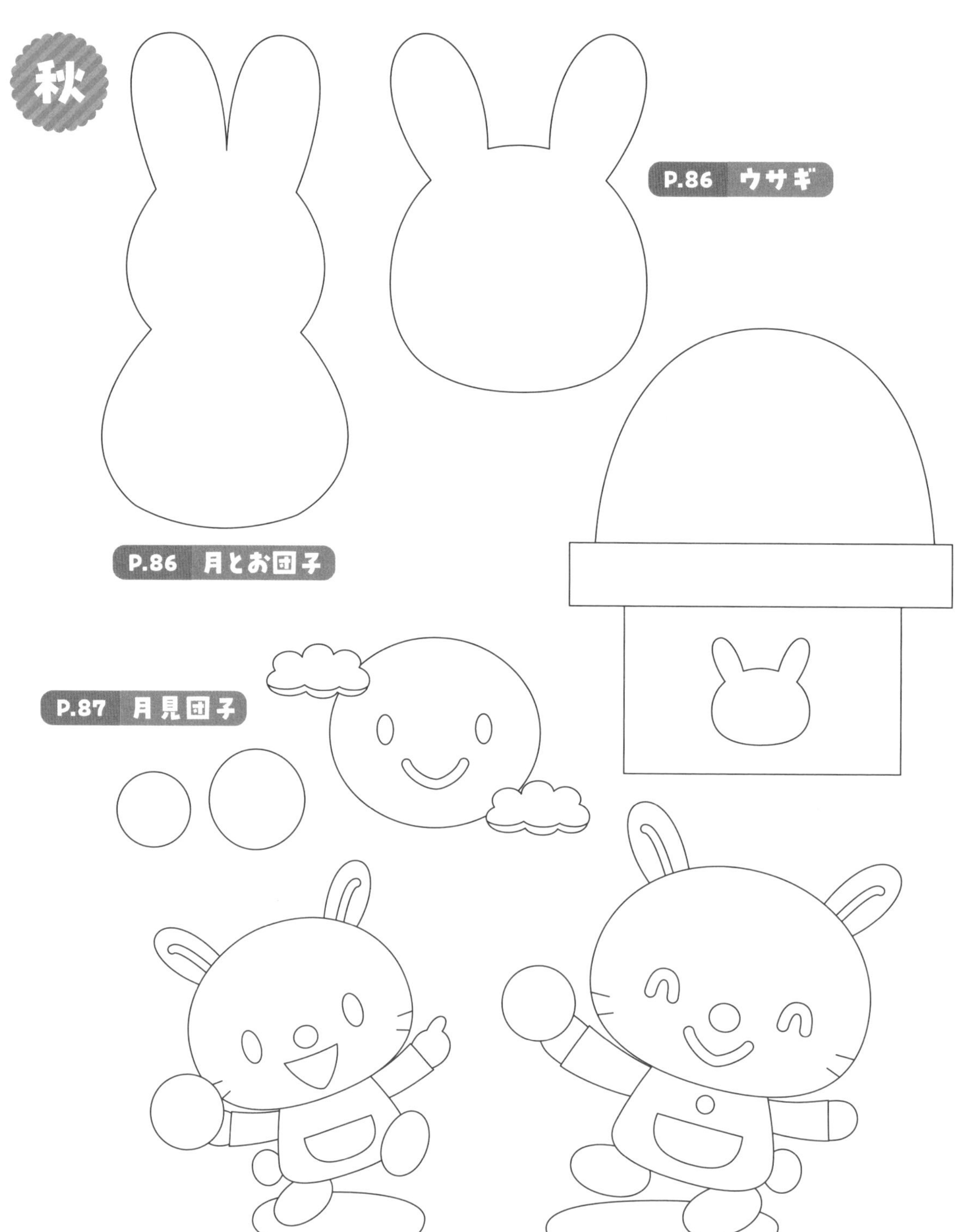

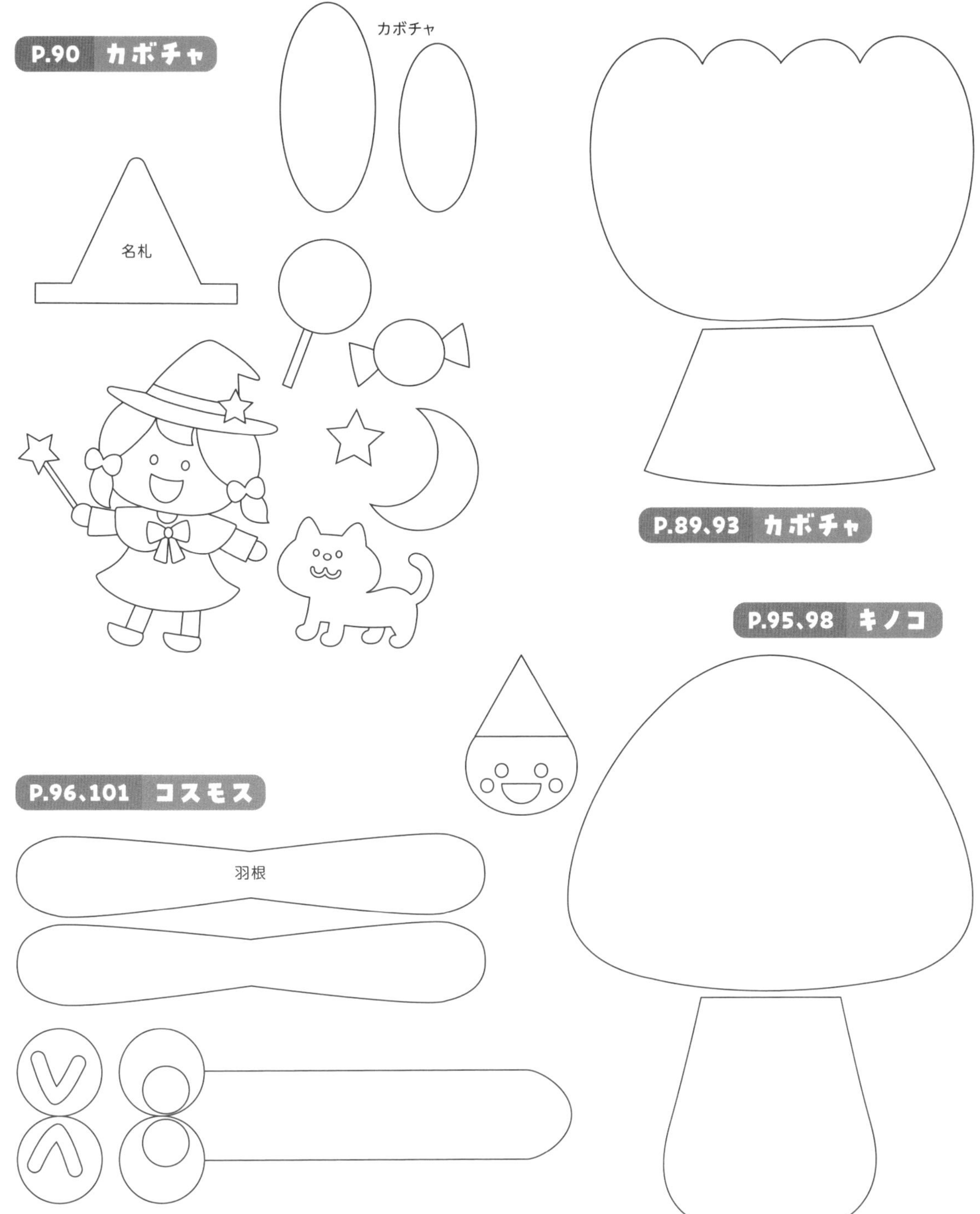
P.90 カボチャ
カボチャ
名札
P.89、93 カボチャ
P.95、98 キノコ
P.96、101 コスモス
羽根

P.103 ブドウ

P.105 自然物のケーキ

P.107 サツマイモ

名札

冬

P.112 サンタクロース・トナカイ

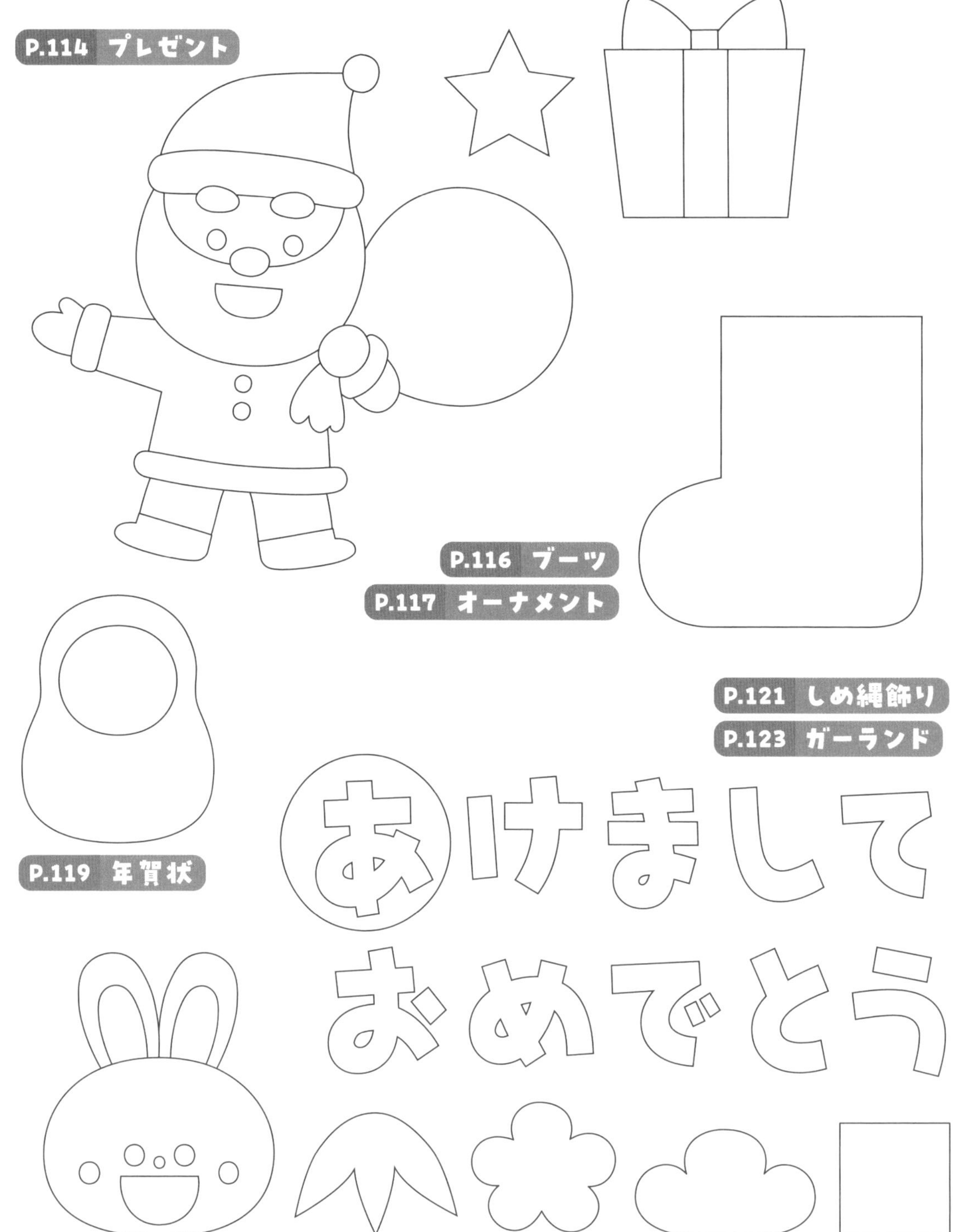

P.114 プレゼント
P.116 ブーツ
P.117 オーナメント
P.119 年賀状
P.121 しめ縄飾り
P.123 ガーランド
あけまして
おめでとう

P.121 置き飾り
P.132 手袋

名札

雪だるま

P.134 雪だるま

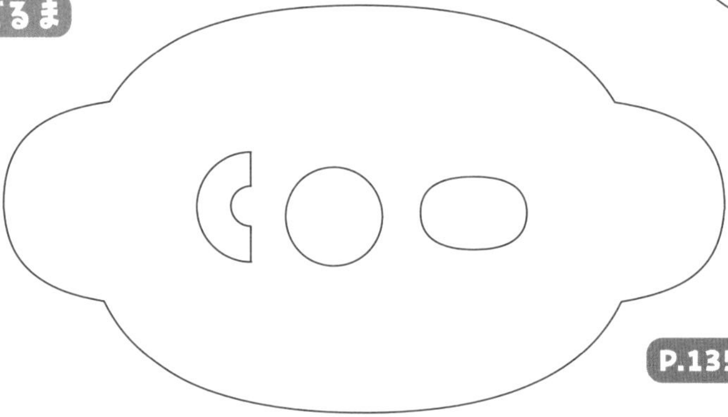

P.135 グラタン

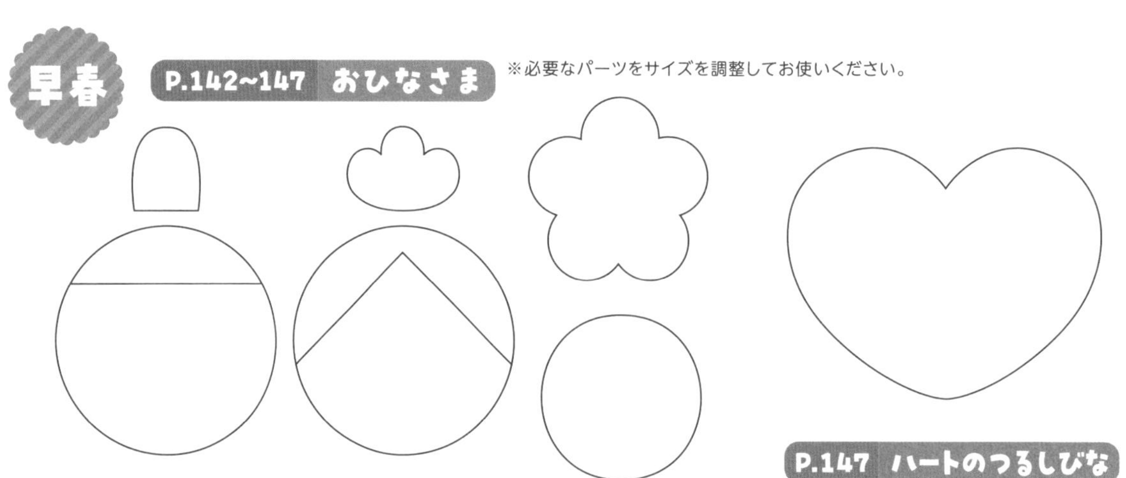

早春

P.142~147 おひなさま

※必要なパーツをサイズを調整してお使いください。

P.147 ハートのつるしびな

P.136 ビーフシチュー
写真
P.137 パッチワーク風セーター
写真
P.138 雪のペンキ屋さん
P.149 乗り物

著・案・製作 **花岡千晶**（はなおか ちあき）

大阪大谷大学 幼児教育学科卒業。
大阪成蹊短期大学幼児保育学科 非常勤講師。
保育者養成の他、関西の保育現場で
乳幼児の造形（絵画・製作）の指導を行なっている。
主な著書に、『行事の製作 ぜんぶおまかせ！』
『ハロウィン＆クリスマスおまかせBOOK』（ひかりのくに）がある。

STAFF

本文デザイン	シラキハラメグミ
本文イラスト	くるみれな、とみたみはる、Meriko、むかいえり
製作・作り方イラスト	池田かえる、いとう・なつこ、くるみれな、藤江真紀子、降矢和子、みさきゆい、むかいえり
写真撮影	佐久間秀樹、山田写真事務所、編集部
写真協力	あひるが丘こども園（京都）、神戸保育園（兵庫）、神楽こども園（兵庫）、千里山やまて学園（大阪）、なかもずこども園（大阪）、西本願寺保育園（京都）
校正	本城芳恵（pocal）
企画・編集	岡実咲、松尾実可子、北山文雄

☆本書は、『月刊保育とカリキュラム』2019～2022年度に掲載された内容に加筆・修正し、まとめたものです。

子どもの"夢中"から見つける
0･1･2歳児の製作あそび

2023年10月 初版発行
2024年8月 第2版発行

著　者 花岡千晶
発行人 岡本 功
発行所 ひかりのくに株式会社
〒543-0001 大阪市天王寺区上本町3-2-14
郵便振替 00920-2-118855 TEL.06-6768-1155
〒175-0082 東京都板橋区高島平6-1-1
郵便振替 00150-0-30666 TEL.03-3979-3112
ホームページアドレス https://www.hikarinokuni.co.jp

印刷所 大日本印刷株式会社

Printed in Japan
ISBN978-4-564-60966-4
NDC376 180P 21×19cm